Intervenções em sala de aula
estratégias e manejo

SÉRIE PSICOLOGIA E NEUROCIÊNCIAS

EDITORES DA SÉRIE
Cristiana Castanho de Almeida Rocca
Telma Pantano
Antonio de Pádua Serafim

Intervenções em sala de aula
estratégias e manejo

AUTORES
Alison Vanessa Morroni Amaral
Regiane Reis Marinho
Raquel Fatorelli
Daniel Luiz Romero
Cristiana Castanho de Almeida Rocca
Telma Pantano

Copyright © Editora Manole Ltda., 2023, por meio de contrato com os editores e as autoras.

A edição desta obra foi financiada com recursos da Editora Manole Ltda., um projeto de iniciativa da Fundação Faculdade de Medicina em conjunto e com a anuência da Faculdade de Medicina da Universidade de São Paulo – FMUSP.

Logotipos   *Copyright* © Faculdade de Medicina da Universidade de São Paulo
            Copyright © Hospital das Clínicas – FMUSP
            Copyright © Instituto de Psiquiatria

Editora: Juliana Waku
Projeto gráfico: Departamento Editorial da Editora Manole
Capa: Ricardo Yoshiaki Nitta Rodrigues
Ilustrações: Isabel Cardoso, Freepik, iStockphoto

CIP-BRASIL. CATALOGAÇÃO NA PUBLICAÇÃO
SINDICATO NACIONAL DOS EDITORES DE LIVROS, RJ

I48

Intervenções em sala de aula : estratégias e manejo / Alison Vanessa Morroni Amaral ... [et al.] ; editores da série Cristiana Castanho de Almeida Rocca, Telma Pantano, Antonio de Pádua Serafim. - 1. ed. - Santana de Parnaíba [SP] : Manole, 2023.
    23 cm. (Psicologia e neurociências)

    Inclui bibliografia e índice
    ISBN 978-65-5576-684-4

    1. Psicologia educacional. 2. Psicologia da aprendizagem. 3. Neurociência cognitiva. I. Amaral, Alison Vanessa Morroni. II. Rocca, Cristiana Castanho de Almeida. III. Pantano, Telma. IV. Serafim, Antonio de Pádua. V. Série.

22-79388   CDD: 370.1523
                                 CDU: 37.015.3

Meri Gleice Rodrigues de Souza - Bibliotecária - CRB-7/6439

Todos os direitos reservados.
Nenhuma parte deste livro poderá ser reproduzida, por qualquer processo, sem a permissão expressa dos editores. É proibida a reprodução por fotocópia.
A Editora Manole é filiada à ABDR – Associação Brasileira de Direitos Reprográficos.

1ª edição – 2023; reimpressão – 2023.

Editora Manole Ltda.
Alameda América, 876
Tamboré – Santana de Parnaíba – SP – Brasil
CEP: 06543-315
Fone: (11) 4196-6000
www.manole.com.br | https://atendimento.manole.com.br/

Impresso no Brasil
Printed in Brazil

EDITORES DA
SÉRIE *PSICOLOGIA E NEUROCIÊNCIAS*

Cristiana Castanho de Almeida Rocca
Psicóloga Supervisora do Serviço de Psicologia e Neuropsicologia, e em atuação no Hospital Dia Infantil do Instituto de Psiquiatria do Hospital das Clínicas da Faculdade de Medicina da Universidade de São Paulo (IPq-HCFMUSP). Mestre e Doutora em Ciências pela FMUSP. Professora Colaboradora na FMUSP e Professora nos cursos de Neuropsicologia do IPq-HCFMUSP.

Telma Pantano
Fonoaudióloga e Psicopedagoga do Serviço de Psiquiatria Infantil do Hospital das Clínicas da Faculdade de Medicina da Universidade de São Paulo (HCFMUSP). Vice-coordenadora do Hospital Dia Infantil do Instituto de Psiquiatria do HCFMUSP e especialista em Linguagem. Mestre e Doutora em Ciências e Pós-doutora em Psiquiatria pela FMUSP. Master em Neurociências pela Universidade de Barcelona, Espanha. Professora e Coordenadora dos cursos de Neurociências e Neuroeducação pelo Centro de Estudos em Fonoaudiologia Clínica.

Antonio de Pádua Serafim
Professor do Departamento de Psicologia da Aprendizagem, do Desenvolvimento e da Personalidade e Professor do Programa de Neurociências e Comportamento no Instituto de Psicologia da Universidade de São Paulo (IP-USP). Diretor Técnico de Saúde do Serviço de Psicologia e Neuropsicologia e do Núcleo Forense do Instituto de Psiquiatria do Hospital das Clínicas da Faculdade de Medicina da Universidade de São Paulo (IPq-HCFMUSP) entre 2014 e 2022.

AUTORES

Alison Vanessa Morroni Amaral
Pedagoga pela Universidade do Norte do Paraná (UNOPAR). Especialista em Psicopedagogia pela Faculdade Anhanguera, em Alfabetização e Letramento pelo Instituto Superior de Educação da América Latina (ISAL) e em Neuroeducação pela Universidade Mozarteum (FAMOSP) e Centro de Estudos em Fonoaudiologia (CEFAC). Especialização multidisciplinar em Psiquiatria Infantil e Adolescência. Formação em Saúde Mental pelo Hospital das Clínicas da Faculdade de Medicina da Universidade de São Paulo (HCFMUSP). Colaboradora e pesquisadora do Hospital Dia Infantil do Instituto de Psiquiatria do HCFMUSP (IPq-HCFMUSP) nos grupos de estimulação no Treino de Funções Executivas e Aprendizagem, Habilidades Socioemocionais a partir de Histórias Infantis e Habilidades Matemáticas e autora dos manuais *Treino de funções executivas e aprendizado, Treino de habilidades matemáticas para crianças e adolescentes* e *Treino de matemática para crianças e adolescentes com transtorno do espectro autista*.

Regiane Reis Marinho
Pedagoga e Especialista em Psicopedagogia Clínica e Institucional pela Universidade Nove de Julho. Especialista em Autismo e Psicose Infantil pelo Instituto Sedes Sapientiae e em Neuroeducação pela Universidade Mozarteum (FAMOSP) e Centro de Estudos em Fonoaudiologia (CEFAC). Especialização Multidisciplinar em Psiquiatria da Infância e Adolescência: Formação em Saúde Mental pelo Hospital das Clínicas da Faculdade de Medicina da Universidade de São Paulo (HCFMUSP). Cursando MBA em Gestão Escolar na Universidade de São Paulo (USP). Professora da Classe Hospitalar e pesquisadora do Hospital Dia Infantil do Instituto de Psiquiatria do Hospital das Clínicas da Faculdade de Medicina da Universidade de São Paulo (IPq HCFMUSP)

Raquel Fatorelli
Psicóloga formada pela Universidade de Santo Amaro, Especialista em Avaliação Neuropsicológica pelo Instituto de Psiquiatria do Hospital das Clínicas (IPq HCFMUSP), em Psicopedagogia pela Universidade Nove de Julho e em Violência contra Crianças e Adolescentes pela Universidade de São Paulo (USP). Trabalha na área de psicologia escolar e clínica; atua como colaboradora no Instituto de Psiquiatria da Faculdade de Medicina da Universidade de São Paulo.

Daniel Luiz Romero
Psicólogo Clínico, Mestre em Psicologia da Saúde pela Universidade Metodista de São Paulo e Especialista em Avaliação Neuropsicológica pelo Instituto de Psiquiatria do Hospital das Clínicas (HCFMUSP).

Cristiana Castanho de Almeida Rocca
Psicóloga Supervisora do Serviço de Psicologia e Neuropsicologia, e em atuação no Hospital Dia Infantil do Instituto de Psiquiatria do Hospital das Clínicas da Faculdade de Medicina da Universidade de São Paulo (IPq-HCFMUSP). Mestre e Doutora em Ciências pela FMUSP. Professora Colaboradora na FMUSP e Professora nos cursos de Neuropsicologia do IPq-HCFMUSP.

Telma Pantano
Fonoaudióloga e Psicopedagoga do Serviço de Psiquiatria Infantil do Hospital das Clínicas da Faculdade de Medicina da Universidade de São Paulo (HCFMUSP). Vice-coordenadora do Hospital Dia Infantil do Instituto de Psiquiatria do HCFMUSP e especialista em Linguagem. Mestre e Doutora em Ciências e Pós-doutora em Psiquiatria pela FMUSP. Master em Neurociências pela Universidade de Barcelona, Espanha. Professora e Coordenadora dos cursos de Neurociências e Neuroeducação pelo Centro de Estudos em Fonoaudiologia Clínica.

SUMÁRIO

Apresentação da Série Psicologia e Neurociências XI
Introdução 1
Definições fundamentais para o início 3
Habilidades cognitivas e aprendizagem 5
    Inteligência 5
Habilidades sensório-motoras interconectadas à aprendizagem 7
    Processamento auditivo 9
    Processamento visual e auditivo 10
    Atenção interconectada à aprendizagem 12
    Memórias interconectadas à aprendizagem 13
    Linguagem oral interconectada à aprendizagem 16
    Linguagem escrita 17
Funções executivas 19
    Crianças com dificuldades socioemocionais 23
Transtornos psiquiátricos 27
    Transtorno do espectro autista 27
    Transtorno de déficit de atenção e hiperatividade 31
    Transtornos ansiosos 32
    Transtorno depressivo 34
    Transtorno bipolar 35
    Transtornos de aprendizagem 36
Quem avalia? 39
Sugestões com estratégias para modificação no ambiente escolar 41
    Organização e autonomia dos alunos 42
    Auxiliar os alunos a planejar ações e objetivos 44
    Atividades 47
Referências bibliográficas 53
Índice remissivo 57
Slides 59

Durante o processo de edição desta obra, foram tomados todos os cuidados para assegurar a publicação de informações técnicas, precisas e atualizadas conforme lei, normas e regras de órgãos de classe aplicáveis à matéria, incluindo códigos de ética, bem como sobre práticas geralmente aceitas pela comunidade acadêmica e/ou técnica, segundo a experiência do autor da obra, pesquisa científica e dados existentes até a data da publicação. As linhas de pesquisa ou de argumentação do autor, assim como suas opiniões, não são necessariamente as da Editora, de modo que esta não pode ser responsabilizada por quaisquer erros ou omissões desta obra que sirvam de apoio à prática profissional do leitor.

Do mesmo modo, foram empregados todos os esforços para garantir a proteção dos direitos de autor envolvidos na obra, inclusive quanto às obras de terceiros e imagens e ilustrações aqui reproduzidas. Caso algum autor se sinta prejudicado, favor entrar em contato com a Editora.

Finalmente, cabe orientar o leitor que a citação de passagens da obra com o objetivo de debate ou exemplificação ou ainda a reprodução de pequenos trechos da obra para uso privado, sem intuito comercial e desde que não prejudique a normal exploração da obra, são, por um lado, permitidas pela Lei de Direitos Autorais, art. 46, incisos II e III. Por outro, a mesma Lei de Direitos Autorais, no art. 29, incisos I, VI e VII, proíbe a reprodução parcial ou integral desta obra, sem prévia autorização, para uso coletivo, bem como o compartilhamento indiscriminado de cópias não autorizadas, inclusive em grupos de grande audiência em redes sociais e aplicativos de mensagens instantâneas. Essa prática prejudica a normal exploração da obra pelo seu autor, ameaçando a edição técnica e universitária de livros científicos e didáticos e a produção de novas obras de qualquer autor.

APRESENTAÇÃO DA
SÉRIE *PSICOLOGIA E NEUROCIÊNCIAS*

O processo do ciclo vital humano se caracteriza por um período significativo de aquisições e desenvolvimento de habilidades e competências, com maior destaque para a fase da infância e adolescência. Na fase adulta, a aquisição de habilidades continua, mas em menor intensidade, figurando mais a manutenção daquilo que foi aprendido. Em um terceiro estágio, vem o cenário do envelhecimento, que é marcado principalmente pelo declínio de várias habilidades. Este breve relato das etapas do ciclo vital, de maneira geral, contempla o que se define como um processo do desenvolvimento humano normal, ou seja, adquirimos capacidades, estas são mantidas por um tempo e declinam em outro.

No entanto, quando nos voltamos ao contexto dos transtornos mentais, é preciso considerar que tanto os sintomas como as dificuldades cognitivas configuram-se por impactos significativos na vida prática da pessoa portadora de um determinado quadro, bem como de sua família. Dados da Organização Mundial da Saúde (OMS) destacam que a maioria dos programas de desenvolvimento e da luta contra a pobreza não atinge as pessoas com transtornos mentais. Por exemplo, 75 a 85% dessa população não têm acesso a qualquer forma de tratamento da saúde mental. Deficiências mentais e psicológicas estão associadas a taxas de desemprego elevadas a patamares de 90%. Além disso, essas pessoas não têm acesso a oportunidades educacionais e profissionais para atender ao seu pleno potencial.

Os transtornos mentais representam uma das principais causas de incapacidade no mundo. Três das dez principais causas de incapacidade em pessoas entre as idades de 15 e 44 anos são decorrentes de transtornos mentais, e as outras causas são muitas vezes associadas com estes transtornos. Estudos tanto prospectivos quanto retrospectivos enfatizam que de maneira geral os transtornos mentais começam na infância e adolescência e se estendem à idade adulta.

Tem-se ainda que os problemas relativos à saúde mental são responsáveis por altas taxas de mortalidade e incapacidade, tendo participação em cerca de 8,8 a 16,6% do total da carga de doença em decorrência das condições de saúde em países de baixa e média renda, respectivamente. Podemos citar como exemplo a ocorrência da depressão, com projeções de ser a segunda maior causa de incidência de doenças em países de renda média e a terceira maior em países de baixa renda até 2030, segundo a OMS.

Entre os problemas prioritários de saúde mental, além da depressão estão a psicose, o suicídio, a epilepsia, as síndromes demenciais, os problemas decorrentes do uso de álcool e drogas e os transtornos mentais na infância e adolescência. Nos casos de crianças com quadros psiquiátricos, estas tendem a enfrentar dificuldades importantes no ambiente familiar e escolar, além de problemas psicossociais, o que por vezes se estende à vida adulta.

Considerando tanto os declínios próprios do desenvolvimento normal quanto os prejuízos decorrentes dos transtornos mentais, torna-se necessária a criação de programas de intervenções que possam minimizar o impacto dessas condições. No escopo das ações, estas devem contemplar programas voltados para os treinos cognitivos, habilidades socioemocionais e comportamentais.

Com base nesta argumentação, o Serviço de Psicologia e Neuropsicologia do Instituto de Psiquiatria do Hospital das Clínicas da Faculdade de Medicina da Universidade de São Paulo, em parceria com a Editora Manole, apresenta a série Psicologia e Neurociências, tendo como população-alvo crianças, adolescentes, adultos e idosos.

O objetivo desta série é apresentar um conjunto de ações interventivas voltadas para pessoas portadoras de quadros neuropsiquiátricos com ênfase nas áreas da cognição, socioemocional e comportamental, além de orientar pais e professores.

O desenvolvimento dos manuais da Série foi pautado na prática clínica em instituição de atenção a portadores de transtornos mentais por equipe multidisciplinar. O eixo temporal das sessões foi estruturado para 12 encontros, os quais poderão ser estendidos de acordo com a necessidade e a identificação do profissional que conduzirá o trabalho.

Destaca-se que a efetividade do trabalho de cada manual está diretamente associada à capacidade de manejo e conhecimento teórico do profissional em relação à temática a qual o manual se aplica. O objetivo não representa a ideia de remissão total das dificuldades, mas sim da possibilidade de que o paciente e seu familiar reconheçam as dificuldades peculiares de cada quadro e possam desenvolver estratégias para uma melhor adequação à sua realidade. Além disso, ressaltamos que os diferentes manuais podem ser utilizados em combinação.

CONTEÚDO COMPLEMENTAR

Os *slides* coloridos (pranchas) em formato PDF para uso nas sessões de atendimento estão disponíveis em uma plataforma digital exclusiva (conteudo-manole.com.br/estrategias-manejo-sala-de-aula).

Para ingressar no ambiente virtual, utilize o *QR code* abaixo, digite a senha/*voucher* FERRAMENTA (é importante digitar a senha com letras maiúsculas) e faça seu cadastro.

O prazo para acesso a esse material limita-se à vigência desta edição.

INTRODUÇÃO

Este manual destina-se especialmente a professores, estendendo-se a todos os profissionais que atuam na área da educação, como: coordenadores pedagógicos, pedagogos, psicólogos, psicopedagogos, psicomotricistas, terapeutas ocupacionais, neuropsicólogos e fonoaudiólogos.

O objetivo central deste livro é propor estratégias de manejo comportamental e mudanças ambientais que possam favorecer a inserção de crianças e adolescentes com dificuldades e transtorno de aprendizagem com ou sem comorbidades neuropsiquiátricas. É importante destacar que em uma perspectiva de adaptação/inclusão, as estratégias devem envolver não só o aluno que apresenta a necessidade de manejo, mas o grupo em que essas crianças estão inseridas, sendo essas modificações benéficas e compreendidas pelo grupo como um todo.

Os temas abordados também incluem a estimulação dos processos cognitivos, como: habilidades intelectuais, atenção, aprendizagem e memória, linguagem, habilidades sensório-motoras e habilidades das funções executivas, uma vez que o manejo comportamental no contexto educacional tem como objetivo o desenvolvimento de habilidades pedagógicas e educacionais.

As estratégias foram compiladas das experiências que os autores trouxeram de cursos e vivências práticas. São comumente utilizadas na prática terapêutica em contexto educacional e clínico. Não há por parte dos autores a intenção de desconsiderar autorias. Todas as estratégias foram compiladas e destinadas à intervenção na instituição e são utilizadas há mais de 15 anos.

Espera-se que este livro propicie aos profissionais da educação ferramentas para lidar com os desafios e adversidades em sala de aula diante das dificuldades de aprendizagem apresentadas pelos alunos, contando com a experiência de cada profissional na adaptação das técnicas aqui propostas em busca de uma educação transformadora.

DEFINIÇÕES FUNDAMENTAIS PARA O INÍCIO

O primeiro passo para a elaboração deste material foi considerar quais as abordagens sugeridas que podem e devem se adequar ao professor, ao grupo, à escola e, em particular, ao sujeito. É importante que possamos compreender em que momento e por que uma determinada estratégia deve ser utilizada.

- Adaptações: são alterações no processo de educação que visam a inclusão do aluno. São necessárias e apoiadas muitas vezes a partir de recursos legais. Pode envolver componentes curriculares (currículo de série oficial fornecido pelo MEC) ou pedagógicos (estrutura de ensino modificado).
- Ajustes: modificações das estratégias regulares de ensino que não interferem na estrutura pedagógica e/ou curricular, mas que podem auxiliar o aluno. Não envolvem alterações de conteúdo, mas sim no tempo e forma de apresentação do material.

No caso de patologias regulamentadas por lei, deve-se iniciar um processo de educação inclusiva. A educação inclusiva deve envolver todos os alunos, independentemente das dificuldades apresentadas, e envolve suporte interventivo, adequação das instruções e apoios que permitam ao aluno o sucesso no currículo básico[1,2].

Para pensarmos em uma proposta inclusiva, devemos ter em mente a necessidade de formação e estruturação do trabalho do professor para a organização do processo de adaptação pedagógica e/ou curricular. Conhecer as individualidades do aluno a ser incluído torna-se um aspecto central para a inclusão, porém a integração das adaptações ao grupo é fundamental para o sucesso das intervenções. Isso envolve o trabalho com pais, funcionários da escola e o grupo de colegas como um todo.

HABILIDADES COGNITIVAS E APRENDIZAGEM

Inteligência

A inteligência é definida de diversas maneiras em função do princípio teórico envolvido. Para as neurociências, a inteligência pode ser concebida como a capacidade de lidar com as funções executivas de forma rápida e funcional no ambiente[3]. Autores como Santarnecchi e Rossi[4] citam, além dessas capacidades relacionadas às funções executivas, a importância da resiliência para a adaptabilidade e funcionalidade.

Dessa forma, a inteligência está diretamente associada ao desenvolvimento de habilidades como raciocinar, planejar, resolver problemas, pensar de maneira abstrata, bem como à capacidade de aprender pela experiência[3]. Por meio dessas definições, pode-se observar que o conceito de inteligência não envolve um conhecimento enciclopédico, ou o registro de uma habilidade acadêmica específica, ou até mesmo a obtenção de uma destreza para resolver um teste, por exemplo. A inteligência reflete a funcionalidade do processamento cerebral. Sendo assim, a deficiência intelectual surge quando há limitação nas habilidades mentais mais gerais (atenção, memória, linguagem) e dificuldade no funcionamento adaptativo antes dos 18 anos[5].

Dentre as teorias sobre inteligência, há aquela que a divide em dois tipos, e as neurociências têm demonstrado que a conectividade pré-frontal pode explicar essa classificação[4,6]:

- Inteligência fluida: determinada por traços genéticos e caracterizada pela capacidade de raciocinar de forma abstrata, bem como pela capacidade de solucionar problemas. Refere-se à funcionalidade relativa de habilidades que antecedem o processo de aprendizagem formal.
- Inteligência cristalizada: determinada por experiências culturais e educacionais.

Por exemplo, quando uma criança vai fazer uma prova de matemática, ela precisa da inteligência cristalizada, ou seja, vivências anteriores caracterizadas em aprendizagem para interpretar o texto e saber o que determinada questão está pedindo. Feito isso, há necessidade de conseguir imaginar uma forma de resolver o problema, nesse momento a inteligência fluida, que comete a pensar e raciocinar de forma abstrata, ajuda na problemática. Novamente a inteligência cristalizada entra em ação, pois há necessidade de lembrar-se das fórmulas, bem como aplicá-las a determinados cálculos.

HABILIDADES SENSÓRIO-MOTORAS INTERCONECTADAS À APRENDIZAGEM

Pantano[7] destaca que o cérebro tem algumas limitações que são importantes para que possamos compreender o processamento do ambiente. Uma dessas limitações envolve diretamente o acesso às informações ambientais e/ou do próprio ser humano. O cérebro não está em contato direto com o ambiente e precisa de um intermediário para receber os estímulos e transformá-los em impulsos elétricos.

Podemos nos lembrar nesse momento da brincadeira de telefone sem fio. Quanto mais intermediários colocamos em um trabalho, mais chance de alterações no resultado final. O cérebro pode receber informações sensorialmente alteradas e, nesse caso, as falhas são sensoriais. É o que vemos de tudo o que o cérebro é capaz de processar, construir e elaborar, só existe um tipo de resposta que pode ser fornecida ao ambiente: uma resposta motora. Em todas as atividades de nossa vida, empregamos as mais diversas habilidades motoras que foram adquiridas ao longo dos anos e que resultam da prática e da interação com o ambiente, envolvendo muitos circuitos neurais[8].

No início da primeira infância, a brincadeira favorece as habilidades sensoriais, sendo importante, então, estimular o desenvolvimento da aprendizagem relacionada ao controle corporal por meio das brincadeiras e jogos.

Para Luria[9], o movimento voluntário e a ação consciente são construídos pelo sistema do lobo frontal, que formula a intenção ou a tarefa motora e, além de garanti-la e preservá-la, ainda possibilita a execução do programa de ação, bem como mantém uma vigilância constante sobre o seu curso. Portanto, o desenvolvimento motor do sujeito é um processo, suas experiências em família fazem parte dessa aprendizagem e essa vivência é fundamental para contribuir com o aprendizado durante sua vida escolar.

Logo ao nascer, se a criança não apresenta nenhuma patologia que possa comprometer suas habilidades motoras, ela continua a testá-las, conquistando movimentos mais amplos à medida que explora o ambiente e as possibilidades ali presentes, como, por exemplo, ao engatinhar para buscar objetos, ao segurar brinquedos nas mãos por mais tempo, ao correr, saltar, chutar uma bola no alvo, entre outras. Com as experiências e estímulos recebidos do ambiente em que está inserida, a criança vai aprimorando essas habilidades, tornando-as cada vez mais refinadas.

A partir do momento em que a criança consegue dominar o controle motor, ela estará pronta para iniciar o processo de alfabetização, quando utilizará espaços menores para registro ou mesmo materiais pequenos, colocando "em cheque" aquilo que já domina.

Ao darem início à vida escolar, que começa na educação infantil, as crianças já devem dominar algumas competências motoras para que, ao serem estimuladas pelo educador, possam aprimorar e/ou aprender novos movimentos, como sentar-se durante períodos de tempo razoáveis para desenvolver atividades relacionadas ao componente curricular.

Também na educação infantil, uma das atividades fundamentais para que a criança possa testar suas habilidades e aprimorá-las é quando se proporciona a elas os momentos de brincadeiras e de jogos, pois, além de divertidos, colaboram com as habilidades motoras e estimulam as habilidades cognitivas de mais alto nível, como metacognição, automonitoramento, autorregulação, funções executivas, atenção, memórias, planejamento e flexibilidade mental.

Outra função que também se desenvolve precocemente é a apraxia construtiva, definida como habilidades que permitem executar ações voltadas a um fim no plano concreto, por meio da atividade motora. A função práxica refere-se à capacidade de executar movimentos de maneira precisa, intencional, coordenada e organizada visando alcançar um objetivo.

A apraxia é a impossibilidade ou a dificuldade de realizar atos intencionais, gestos complexos, voluntários e conscientes, sem que haja paralisias, paresias ou ataxias, e sem que faltem também o entendimento da ordem para fazê-lo ou a decisão de fazê-lo; a apraxia decorre sempre de lesões neuronais, geralmente corticais[10].

Segundo Camargo et al.[11], o exame para detectar a presença e/ou caracterizar as apraxias é essencialmente clínico, ainda não havendo um consenso em relação aos melhores procedimentos a serem utilizados para esse propósito. Para avaliar as habilidades motoras, pode-se utilizar alguns testes neuropsicológicos específicos.

As habilidades, motoras e práxicas são desenvolvidas até a criança atingir a fase adulta. Portanto, a criança precisa estar inserida em um ambiente que possibilite novas experiências e a estimule a sempre aprimorar seus movimentos.

O comportamento motor e os circuitos neurais responsáveis são divididos em duas categorias: a primeira é a sequência motora referente à aquisição de uma determinada habilidade motora e a segunda, a adaptação motora que se refere à capacidade de adaptar o comportamento motor a fim de atender as demandas do ambiente. As estruturas corticais responsáveis pela aquisição e retenção do comportamento motor são: o striatum, o cerebelo e as regiões corticais do lobo frontal[8].

Segundo Dalgalarrondo[10], assim como o ato motor é o componente final do ato volitivo, as alterações da psicomotricidade frequentemente são a expressão final de alterações da volição. O autor ainda refere que dentre todas as alterações da psicomotricidade, a agitação psicomotora é uma das mais comuns. Pode-se identificar muitos outros tipos de alterações motoras, como, por exemplo: a lentificação psicomotora; a inibição psicomotora; o estupor; a catalepsia; a flexibilidade cerácea; a cataplexia; as estereotipias motoras; o maneirismo; os tiques; a conversão motora (paralisias, contraturas conversivas, ataxias psicogênicas etc.).

Enquanto não houver uma investigação por meio de exames que tragam detalhes do porquê das dificuldades motoras, o educador é um forte aliado na observação do aluno quando executa qualquer tipo de brincadeira, marcha, saltos, subir e descer escada, entre outros, para uma avaliação médica.

Processamento auditivo

Segundo Prando et al.[12], quando a criança apresenta um diagnóstico com alteração no processamento auditivo central, ela traz uma dificuldade no processamento da informação que pode comprometer e impactar no desenvolvimento da aprendizagem por também envolver as habilidades de memória, atenção e linguagem. Os autores ainda mencionam que essa dificuldade na função auditiva central pode cursar junto com os seguintes comportamentos:

- Dificuldade de compreensão de linguagem falada em ambientes ruidosos ou com mensagem competitiva.
- Interpretação incorreta da mensagem.
- Respostas inapropriadas ou inconscientes.

- Solicitação frequente de repetição, utilização de "Hã?"; "o quê?".
- Necessidade de mais tempo para respostas orais.
- Dificuldade em manter a atenção, "facilmente distraído".
- Dificuldade em seguir ordens e comandos auditivos complexos.
- Dificuldade de localização.
- Dificuldade em aprender rimas e músicas infantis.
- Problemas de leitura e escrita e de aprendizagem associados.

Entonação, ritmo, prosódia e tonicidade são as formas que o sujeito reconhece a palavra-chave em uma frase. As sílabas tônicas de uma palavra permitem identificar os significados das palavras e podem alterar o significado das frases, além de alterar o ritmo da fala.

Todas essas questões envolvem os dois hemisférios, que estão interligados, e a transferência da informação acontece no espaço do inter-hemisfério, onde se encontra o corpo caloso. Quando esse processo está alterado, dificulta a compreensão da linguagem falada.

Quando há alteração no processamento auditivo central durante a vida escolar, a criança pode apresentar uma disfunção em seu comportamento que impacta diretamente a aprendizagem e até mesmo sua relação com os pares, pois essa alteração compromete a manutenção da atenção, memória e interpretação da linguagem falada.

Processamento visual e auditivo

Construímos as aprendizagens sobre o mundo que nos rodeia a partir da nossa interação com o ambiente. É essa interação que provoca a ativação de receptores sensoriais e, assim, permite que o mundo que nos rodeia possa ser significado e processado em termos cerebrais[13,14].

A aprendizagem é registrada e organizada pelo cérebro. Estão diretamente envolvidos nesse processo as emoções, os processos cognitivos e as vias sensoriais, que resultam no armazenamento e elaboração das informações. É a partir do processamento das vias sensoriais que o mundo externo é reconstruído pelo cérebro. Temos assim o início do processo simbólico de reconstrução do mundo externo. Esse processo é a chave para os mecanismos de linguagem, comunicação e aprendizagem[15].

Crianças que têm dificuldade ou falha no processamento visual e/ou auditivo não reconhecem essas limitações. Dessa forma, a criança e/ou o adulto podem apresentar comprometimentos e capacidade reduzida de processar as informações que foram observadas pelo olho e/ou cóclea, prejudicando a maneira como interpretam e significam a imagem visual e/ou auditiva e, como consequência, o mundo externo. Portanto, a percepção sensorial permite a reconstrução do mundo externo, bem como a associação com outros elementos de memória e linguagem a partir da interação com o ambiente[15].

A grande surpresa que temos tido nas últimas décadas é o conhecimento de que o processamento sensorial acontece fragmentado. Assim, no caso, por exemplo, do processamento visual, não basta "enxergar" para que o nosso cérebro compreenda a informação visual. Afinal, quem realmente "enxerga" o objeto é o cérebro. O olho envia as informações ao cérebro e, dessa forma, quando pensamos em vias visuais, precisamos entender o trajeto que a informação visual realiza a partir do momento que a imagem é transformada em impulso elétrico, caminha pelo nervo óptico até as áreas corticais específicas para a compreensão e o processamento da imagem[13,14,16].

Para que possamos aprender através do campo visual, o reconhecimento das características físicas dos objetos deve ser reconstruído pelo nosso cérebro. Aspectos como cor, forma, tamanho, espacialidade e movimento devem ser integrados e o objeto, reconstruído. O mesmo acontece com as vias auditivas com relação a características sonoras como timbre, intensidade e frequência.

Dessa forma, características apresentadas pelos nossos alunos, como, por exemplo, a rotação de letras, podem ser uma falha do processamento visual no reconhecimento de traços como a espacialidade. É necessário que possamos estimular na educação infantil, e por todo o ensino fundamental, as habilidades de reconhecimento de cada um dos traços dos processamentos visual e auditivo, para que possamos promover uma aprendizagem integrada ao funcionamento cerebral.

Essas habilidades são consideradas separadas para melhor compreensão e estudo, porém, são recrutadas de forma intensa e conjunta nas habilidades diárias de vida. Para o processamento visual, por exemplo, um trabalho fundamental é o reconhecimento da cor em suas diferentes tonalidades, formas, tamanhos e movimento, além da integração dessas características, como o reconhecimento da forma e do tamanho em diferentes ângulos de visão. Um objeto distante parece menor do que realmente é. Um objeto pode ser reconhecido em diferentes ângulos e com a eliminação de alguns componentes como, por exemplo, no reconhecimento de sombras de objetos.

O mesmo deve acontecer com os sons. O reconhecimento de estímulos auditivos e a fragmentação desses estímulos dentro de ambientes naturais de estimulação são habilidades fundamentais para a aprendizagem e para a alfabetização. Reconhecer partes de um som e saber nomeá-las; associar o som com a imagem; brincar com frequências sonoras diferentes e emitidas em diferentes pontos do ambiente para a localização são muito importantes.

Atenção interconectada à aprendizagem

A atenção pode ser definida como um mecanismo que permite aos alunos selecionarem no ambiente a informação que é importante para determinado momento, possibilitando maior foco no que é relevante.

Segundo Rocca e Ferrari[17], dentre os inúmeros estímulos que recebem no ambiente escolar, só se consideram aqueles que são relevantes para a situação ou que são intencionais no momento.

Para que isso aconteça, é importante que o profissional da educação proporcione ao aluno um ambiente organizado com o mínimo possível de estímulos distratores, para que assim o aluno possa manter o foco atencional no processo da aprendizagem.

A atenção é uma função de aspecto cognitivo importante que está presente em todas as ações, atitudes e processos mentais humanos, mesmo quando não se tem consciência. Porém, há um controle voluntário e um caráter seletivo[17].

É responsável por monitorar as interações com o ambiente, fazendo com que a pessoa mantenha consciência dos níveis de adaptação em determinada situação. Possibilita o controle e o planejamento de ações futuras com base nas memórias das experiências já vividas, bem como faz a modulação entre as sensações experienciadas no cotidiano e a memória das sensações já antes vividas, favorecendo assim um sentido de continuidade de experiências que servem como base para a construção, bem como no reconhecimento de sua identidade[18].

A atenção é como uma porta de entrada para o mundo exterior, ou seja, se a atenção não estiver devidamente preservada e/ou desenvolvida, o aluno passa a apresentar dificuldades em discriminar e absorver estímulos diversos, em resolver problemas, tomar decisões, bem como em direcionar o pensamento para determinado assunto[19].

Por isso, é fundamental o educador estar atento principalmente quando o aluno não mantém um funcionamento atencional adequado, o que pode ser notado quando ele não consegue se manter sentado no lugar, ou quando fica mexendo em materiais que não estão sendo usados naquele momento, ou, ainda, quando engata conversas paralelas sobre assuntos que não estão no foco de discussão da aula; estes, entre outros comportamentos, podem interferir no processo de aprendizagem, dificultando a realização das tarefas, a compreensão dos enunciados e a formulação de dúvidas para o próximo encontro.

É importante destacar que nem sempre quando o aluno está disperso ou desatento é porque não tem interesse em aprender ou está com preguiça. Esse comportamento pode sinalizar que existe uma patologia que está comprometendo o funcionamento da criança ou do adolescente no processo de aprendizagem, a qual foge do controle dele.

O profissional da educação precisa conhecer o funcionamento cognitivo, pois suas observações e seus relatos do comportamento do aluno em sala de aula compõem a avaliação de uma equipe multidisciplinar para a investigação de possíveis prognósticos.

Assim, os profissionais poderão direcionar o educador na mediação desse aluno em sala de aula da maneira mais correta possível e garantir sua aprendizagem respeitando suas limitações. Quando o educador tem conhecimento sobre como acontece a aprendizagem no cérebro, ele passa a refletir sobre sua prática, tornando a sua aula mais interessante para o aluno e, consequentemente, facilitando a aprendizagem.

Memórias interconectadas à aprendizagem

A memória pode ser definida como a função neuropsicológica que permite ao aluno adquirir, conservar e evocar as informações aprendidas. Caracteriza-se por aquisição, conservação e eventual evocação de determinada informação. Ressalta-se que por aquisição entende-se aprendizado, ou seja, só se grava na memória aquilo que foi aprendido[20].

Em razão da plasticidade cerebral, é possível conservar e utilizar a aprendizagem anterior, modulando as habilidades do comportamento de acordo com a necessidade do ambiente. Ou seja, a memória não tem como única função o armazenamento e evocação de informações aprendidas formalmente, uma vez que é pela memória que o indivíduo retorna às experiências passadas, possibilitando, assim, possíveis comparações com as experiências atuais, fato que, por sua vez, desencadeia um processo de aprendizagem, bem como de modificação de comportamentos[21,22].

As habilidades cognitivas e emocionais fazem parte das memórias e das aprendizagens como um todo. Para considerarmos as memórias como aprendizagens, é necessário que possamos inter-relacionar essas memórias, tornando-as mais estáveis e significativas. Dessa forma, o armazenamento e o posterior resgate dessas informações podem ocorrer de uma maneira mais flexível e diversa, alimentando novas formas de inter-relações neuronais; ou seja, uma vez que a criança começa a aprender, a própria aprendizagem é capaz de alimentar novas aprendizagens.

O ambiente tem um papel muito importante nesse processo, uma vez que é ele que constrói as memórias. O cérebro age a partir delas e, nesse sentido, o ambiente é o responsável por alimentar o funcionamento cerebral. Esse ambiente deve ser organizado de acordo com as necessidades do sujeito.

É importante que o profissional da educação tenha consciência de quais são as habilidades cognitivas e emocionais que estão envolvidas durante todo o processo do desenvolvimento para significar o ambiente de acordo com as possibilidades de cada criança. No caso de patologias que interfiram nas relações entre o cérebro e o ambiente, é necessário que aconteçam adaptações e/ou ajustes que favoreçam a aprendizagem.

O processo de aprendizagem tem relação intrínseca com a capacidade de memorização que, por sua vez, tem relação com o nível de consciência, de atenção, bem como do interesse afetivo por determinada atividade[10].

Memória e aprendizado caminham paralelamente e caracterizam-se por propriedades básicas do sistema nervoso, ou seja, toda atividade nervosa perpassa de alguma forma pela memória e pelo aprendizado, e a variedade de memórias adquiridas é tão grande que fica a cabo de diversas áreas cerebrais[23].

Ressalta-se que as experiências que o indivíduo passa são de certa forma constituintes tanto de aprendizado quanto de memória, pois não há memória sem aprendizado, tampouco haverá aprendizado sem vivências.

Sendo assim, em um processo de aprendizagem escolar, faz-se necessário o uso de grande variedade de recursos com o objetivo de estimular e/ou ativar o cérebro por diversas vias sensoriais a fim de proporcionar efetiva aprendizagem dos conteúdos.

A memória depende também da codificação e decodificação da informação para o armazenamento, podendo ser manipulada para ressignificar o que foi aprendido com novas informações, função conhecida como memória operacional.

Dentre as diversas classificações de memória, destacam-se aquelas que diferenciam as conexões neuronais em função do tipo de informação armazenada. Nessa classificação, teríamos a memória operacional e as memórias de longo prazo explícitas e implícitas.

A memória operacional está relacionada à produção da compreensão da linguagem, aprendizagem, funções executivas e raciocínio e envolve o funcionamento do córtex pré-frontal. Sua função é analisar, selecionar as informações e compará-las com aquelas que já existem nas memórias a longo prazo localizadas nas regiões frontais e pré-frontais[7,20].

Dentre as memórias a longo prazo, temos as que possuem recursos verbais, conhecidas como memórias explícitas ou declarativas, e as que não possuem recursos verbais que favoreçem o resgate, as memórias implícitas ou procedurais. Dentre as memórias explícitas temos as memórias semântica (conceitos de imagem mental e significado dos componentes da língua), episódica (fatos e eventos com relações sequenciais e temporais) e autobiográfica (fatos e eventos que têm o sujeito como referência).

As memórias procedurais envolvem pouco acesso verbal e, em geral, vêm acompanhadas por habilidades motoras sequencialmente armazenadas (hábitos e procedimentos, *priming* etc.).

As memórias explícitas envolvem um aprendizado, ou melhor, conhecimento que adquirimos com outra pessoa e podem durar alguns minutos, ou horas, ou anos. A memória implícita é o que aprendemos sem ter a intervenção de outra pessoa, podendo durar por toda a vida.

Segundo Izquierdo[20], as pessoas só gravam o que foi aprendido e só se lembram daquilo que foi gravado. Portanto, somos aquilo que recordamos e esquecemos aquilo que resolvermos não lembrar, ou seja, a memória nos torna um ser único, e é por isso que ela é considerada como a aquisição, formação, conservação e evocação daquilo que aprendemos.

Além disto, só pode ser produzido aquilo que está em nossa memória e que foi aprendido determinando aquilo que se denomina personalidade ou forma de ser. Isso tudo acontece de forma individualizada, em razão das experiências que cada sujeito vivencia na escola, em família e em sociedade, convertendo-nos em indivíduos.

Para que a aprendizagem venha a ser fixada na memória a longo prazo, é extremamente importante respeitar o tempo de sono com duração no mínimo de 8 horas, para que ocorra o processo de fixação do conteúdo que o aluno aprendeu durante o dia.

Segundo Pantano[7], para os conteúdos serem conservados, também precisam ser repetidos e associados com outros assuntos, acontecendo um processo integrado e dinâmico com as memórias.

Além de a memória adquirir, conservar e evocar a informação, no processo de aprendizagem envolve a compreensão, assimilação e atribuição de significados em relação ao conteúdo a ser apreendido com o conteúdo armazenado[7].

É fundamental que o profissional da educação tenha conhecimento de como acontece o processo de memorização, para que possa fazer intervenções e mediações coerentes no momento da sua aula, contribuindo assim para o efetivo aprendizado. É importante refletir também sobre os recursos utilizados em sua prática, a fim de facilitar e envolver o aluno no processo de aprendizagem.

Linguagem oral interconectada à aprendizagem

Em uma visão neurocientífica, a linguagem é reconhecida como um organizador cerebral bastante importante. É graças a essa capacidade que podemos expressar e tomar consciência do que se passa no nosso cérebro e no mundo externo.

A linguagem é uma condição que permite codificar as ideias em sinais para a comunicação, e é a maneira de expressar pensamentos. Ela organiza e reproduz traços de memória, portanto percebemos que a memória e a linguagem estão relacionadas[7].

Segundo Valido e Paixão, a linguagem permite compreender e expressar ideias e sentimentos, sendo ferramenta eficaz para adquirir conhecimento durante suas experiências. Quando a linguagem não tem um funcionamento adequado, toda a compreensão e expressão do conhecimento pode ficar comprometida.

Inicialmente, o desenvolvimento da linguagem se dá por meio de padrões pré-linguísticos, que podem ser observados de padrões vocais, corporais e faciais, entonacionais e melódicos que acontecem em situações de interação social e durante a exploração corporal e ambiental. Com o início da fase linguística e a produção das primeiras articulações com padrões da língua que a criança está inserida, é possível observar as relações simbólicas que começam a se estabelecer para representar os mundos interno e externo.

Já no início da alfabetização, o aluno passa por um processo de compreensão dos fonemas, que apresentam sons distintos e, quando unidos a outros sons, formam sílabas e, consequentemente, palavras. Essas palavras vão ganhando significado por meio da compreensão. As percepções auditivas e visuais desenvolvem a habilidade fonética, que permite a organização interna relacionada com a língua materna.

As habilidades de linguagem devem ser estimuladas de maneira eficiente para que o aluno possa utilizá-las de forma contextualizada, permitindo o desenvolvimento conjunto das memórias semânticas e episódicas.

Fazer uso do vocabulário, da gramática e de uma estrutura sintática não é o suficiente para que se tenha compreensão de uma frase, quanto mais de um texto. Para isso acontecer, é necessário acionar o sistema atencional e mediar as informações sensoriais[7].

Estimular o aluno desde o início da sua vida escolar a fazer associação de ideias dando significado às palavras faladas e ressignificando outras contribuirá com a aquisição de um vocabulário vasto, a organização do pensamento e a construção de frases e textos mais coesos.

Entender como acontece a formação da estrutura da linguagem possibilita mediar o aluno na aquisição dessa competência e dá subsídios de como estimular as habilidades de leitura e escrita de maneira efetivamente significativa.

Guzman, Goldberg e Swanson[24] referem em seu artigo que a capacidade de automonitoramento é utilizada na leitura e na compreensão do texto. É importante o profissional da educação pensar em projetos que proporcionem aos alunos desenvolverem suas habilidades linguísticas podendo, assim, amenizar os impactos negativos na aprendizagem.

Linguagem escrita

Todo indivíduo durante o processo da aquisição da escrita passa por algumas fases, quais sejam: garatuja, pré-silábica sem valor sonoro, pré-silábica com valor sonoro, silábica alfabética e alfabetização. Não necessariamente a criança obedece a essa ordem passando por todas as fases, pois é preciso considerar também o impacto da estimulação recebida em vários contextos em que está inserida.

Na garatuja, aparecem desenhos primitivos, como bolinhas ou pauzinhos, que podem estar de acordo com o tamanho da palavra ou da imagem que tem na memória sobre o que foi falado.

Quando estão na fase pré-silábica sem valor sonoro, eles colocam letras do próprio nome ou qualquer outra letra que já conhecem, primeiramente enxertando letras conforme o tamanho da palavra e relacionando ao conhecimento que têm do objeto. Já na fase pré-silábica com valor sonoro, as crianças fazem associação dos sons das vogais e depois apropriam o som das consoantes, respeitando a quantidade de sílabas da palavra.

Na silábica alfabética, a criança já se apropriou de conhecimentos e memorizou as letras do alfabeto, para que possa refletir sobre os sons das letras que compõem a palavra, iniciando o processo de construção da escrita convencional.

Quando já alfabetizado, o aluno consegue escrever e ler palavras de maneira convencional, colocando as letras que se espera na palavra, porém ainda pode acontecer de omitir e acrescentar letras.

A memória operacional, que tem sede na área pré-frontal do cérebro, prepara a informação que a criança já se apropriou para utilizar no reconhecimento da escrita da palavra no seu cotidiano[15,25,26]. Permite ainda manter a representação dos fonemas (sons), associados aos grafemas (letras) e, consequentemente, a figura que representa a palavra.

Para exercitar a memória operacional, é fundamental praticar atividades diárias, cultivando a atenção da seguinte forma:

- Realizar exercícios mnemônicos (associar fatos e imagens).
- Manter uma alimentação saudável e bons hábitos psíquicos (estar relaxado e emocionalmente bem).
- Fazer atividade física (exercícios regulares).
- Ter horas de sono que possibilitem descanso[14].

Para a aquisição da leitura e da escrita, a criança precisa vivenciar e experienciar momentos que estimulem a colocar em prática o que já sabe, manipulando a informação e aprimorando seus conhecimentos.

A partir desse momento, é possível sofisticar a prática da leitura e escrita, ampliando o vocabulário por meio da leitura de livros e de trocas de experiências com os pares, além de utilizar estratégias que venham complementar a aprendizagem da construção de textos coesos e a melhor compreensão do texto lido.

FUNÇÕES EXECUTIVAS

As funções executivas se desenvolvem ao longo da vida, evoluem rapidamente nos primeiros anos, continuam se aprimorando ao longo da adolescência e é somente no início da idade adulta que se obtêm as redes neuronais mais complexas, que são fortemente ativadas e se conectam, juntas, às diferentes regiões do cérebro, característica obtida com o pleno desenvolvimento do córtex pré-frontal.

A função executiva permite ao indivíduo construir planos e processos direcionados ao alcance de metas; executar o processo planejado, avaliando a eficiência e adequação de todos os fatores envolvidos no processo e abandonando as estratégias que não funcionam; buscar novas estratégias que possam funcionar e, por fim, alcançar a resolução dos problemas[27].

Para Lezak et al.[28], a função executiva apresenta quatro componentes: volição, planejamento, ação proposital e desempenho efetivo. A volição pode ser entendida como nosso comportamento intencional envolvido na formulação de metas, além de estar relacionada à motivação para iniciar um comportamento direcionado a essa meta. O planejamento é a habilidade de identificar todos os passos do processo para o alcance da meta. A ação proposital está localizada entre a intenção e a meta. Nesse processo, é possível avaliar como o comportamento poderá ser iniciado, mantido ou alterado, interrompido ou continuado direcionado sempre à meta a ser alcançada. O desempenho efetivo é a prática em si de tudo o que foi planejado para alcançar as metas propostas.

Pennington sugere outros componentes das funções executivas, sendo eles: memória operacional, planejamento, solução de problemas, tomada de decisões, controle inibitório, fluência, flexibilidade cognitiva e categorização[27].

Marques et al.[29] também mencionam que, além de aprender a se organizar e manejar seu tempo, os alunos desenvolverão as habilidades que envolvem automonitoramento, abstração, sequenciamento, atenção, autorregulação e estruturação da linguagem.

Uma maneira diferente de pensar o que é a função executiva seria como uma espécie de sistema de controle de tráfego aéreo no cérebro. Do mesmo modo que um sistema de controle de tráfego aéreo tem de controlar muitos aviões em muitas pistas em um tempo perfeito, a criança tem de controlar um certo número de informações e ter ferramentas para evitar distrações. Acredita-se que, nesse processo, estão envolvidos a memória operacional, o controle inibitório e a flexibilidade mental.

Tomemos como exemplo uma situação em que uma criança está tendo de se revezar com outras em alguma atividade. Em primeiro lugar, a criança tem de ter controle inibitório, ou seja, ela precisa esperar a sua vez e não atravessar a do colega, para então executar a ação proposta na atividade e, novamente, esperar pela sua vez; mas, quando for sua vez novamente, tem de lembrar o que supostamente deveria fazer e isso está na memória operacional. Caso a ação mude e as crianças passem a fazer algo diferente, fora do previsto, entra em ação a flexibilidade mental, ajudando a criança a ajustar o comportamento, bem como conseguir efetuar a ação[30].

O córtex pré-frontal é importante para a função executiva, mas é mais do que apenas o córtex pré-frontal, pois essa região não age sozinha. Ela está engajada no controle do seu comportamento por meio de interações com todas as outras partes do cérebro. O cérebro passa então para uma condição em que múltiplos neurônios se comunicam com seus vizinhos mais próximos, evoluindo então para o constructo de redes espalhadas que se conectam com diferentes áreas cerebrais[30].

É importante o educador ter o conhecimento de que quando o córtex pré-frontal, que é extremamente especializado na funcionalidade cerebral, não apresenta um funcionamento adequado, o aluno pode ter dificuldade de se autorregular em situações consideradas problemas; isso porque ele não consegue ter uma leitura adequada para ajustar seu comportamento e tomar decisões ou fazer julgamentos no momento do conflito.

Portanto, quando o profissional da educação observa que o aluno está envolvido em uma situação de conflito, precisa nesse momento tentar afastá-lo do ambiente, esperar o aluno acalmar-se para que ele consiga se organizar e se autorregular, para então expressar o que aconteceu e tentar solucionar o problema, permitindo assim melhorar a situação sem danos maiores.

Segundo Pantano e Zorzi[23], a função de modular do córtex pré-frontal acontece por meio de uma complexa rede neural, envolvendo áreas corticais e

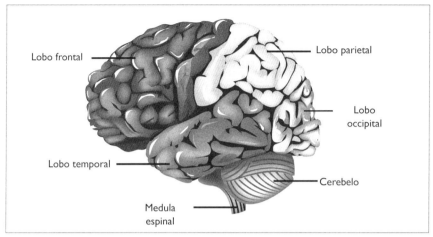

FIGURA 1   Anatomia do cérebro.

subcorticais. o córtex é dividido em três áreas: córtex pré-frontal, córtex pré-motor e córtex pré-central.

O cortéx pré-frontal é responsável pelo controle do pensamento e pela organização do comportamento; o córtex pré-motor é responsável pela área motora suplementar; e o córtex pré-central, pela área motora primária.

Para que o aluno apresente um comportamento e uma organização dentro do esperado, e possa assim ser aceito pelo ambiente, ele precisa ter um bom controle cognitivo, porque assim ampliará seu conjunto de tarefas, resistindo mais a distrações, monitorando o seu progresso e atingindo seus objetivos. Se apresentar alterações causadas por danos, terá dificuldade em se concentrar nas tarefas e poderá deixá-las incompletas.

Segundo Pantano e Zorzi[23], a maturação do córtex pré-frontal só termina no final da adolescência e início da fase adulta. Até lá, o ambiente precisa oferecer modelos de comportamentos, interações sociais, brincadeiras, atividades, regras e limites que permitam ao aluno experienciar, para que possa aprender.

É inegável a relevância das funções executivas. Sendo assim, ressalta-se a importância do papel da escola na figura do educador, pois é partir do treino dessas funções durante a infância e a adolescência que se desenvolvem habilidades que trarão adultos mais adaptados, aptos a relacionar-se com os outros, compreendendo e fazendo uso das regras sociais, sendo capazes de manter um emprego, um casamento, criar filhos; basicamente, fazer parte de forma integral da sociedade civil.

Para Bronson e Bronson[31], o professor não deve ser um "zelador" dos alunos e sim um estimulador no processo de aprendizagem, moldando o desenvolvimento do aluno. Assim, eles aprenderão a fazer o que é mais adequado, respeitarão regras e utilizarão mais estratégias, conseguindo uma melhor funcionalidade.

Quando o aluno aprende e compreende que pode modular seu comportamento em um conflito e resolver o problema, ele está conquistando a autonomia, e com certeza essa experiência o ajudará a resolver uma dificuldade na aprendizagem e a modular suas emoções, para que possa pensar e pedir ajuda quando não conseguir resolver algum exercício ou situação de conflito.

Nos dias de hoje, aprender se tornou um grande desafio, pois há uma grande demanda de conteúdo exigido pela escola e, para se organizar e cumprir com suas tarefas, os alunos precisam desenvolver a habilidade de manejar seu tempo, se autorregular e saber priorizar as tarefas, ou seja, se organizar.

Segundo Pantano e Rocca[14], os recursos neurocognitivos, emocionais e comportamentais são fundamentais para que se possa administrar a demanda ambiental e ampliar o desempenho escolar, facilitando a aprendizagem.

As crianças sentem muita dificuldade para se organizar nos estudos, e o uso das tecnologias em excesso, sem um cronograma de atividades que possa auxiliar os alunos na execução das suas tarefas diárias, provoca prejuízo em seu desempenho, pois o foco atencional não está voltado para as tarefas escolares. A participação dos pais nesse momento em que a criança e o adolescente estão aprendendo a se organizar e a montar sua rotina escolar é de extrema importância para que os alunos possam aprender a manejar seu tempo, cumprir com suas responsabilidades e se divertir de maneira equilibrada.

É importante desenvolver, com as crianças e adolescentes, um esquema estratégico de estudo de rotina escolar, calendários mensais e diários para manejo de tempo.

Não é uma tarefa fácil para os pais e profissionais da educação estimular essas habilidades cognitivas tão importantes e fundamentais para o desenvolvimento dos alunos, por isso se torna tão essencial o envolvimento dos pais na educação escolar dos filhos e a parceria com a escola. O importante é oferecer aos alunos um ambiente que favoreça o seu desenvolvimento cognitivo e emocional.

Crianças com dificuldades socioemocionais

O desenvolvimento emocional se inicia no ambiente familiar e vai se expandindo para o seu ciclo social externo. Nesse percurso, vamos aprendendo, por meio de experiências, a reconhecer emoções e perceber que outras pessoas também as possuem. Inicia-se uma fase importante do desenvolvimento das habilidades socioemocionais[14].

As crianças, ao descobrirem suas emoções, podem começar a refletir sobre como poderão lidar com aquilo que sentem. Elas precisam aprender a manejar a autorregulação emocional. Dessa forma, quando as crianças, ou mesmo os adolescentes, se comportam de maneira disruptiva, cabe ao adulto auxiliá-los a entenderem seus sentimentos e necessidades, proporcionando a eles um ambiente seguro.

A regulação emocional tem fundamental importância no momento em que a criança e/ou adolescente estão em situações que exigem uma resposta rápida, ou melhor, imediata. No entanto, para regular as emoções é preciso ser capaz de nomear e de reconhecer sentimentos e emoções. A desregulação da emoção é um estado de desequilíbrio, embora inicialmente possa haver uma tentativa frustrada de se regular que se reflete na incapacidade para se corrigir.

Para auxiliar os educadores no manejo das emoções, além da Base Nacional Comum Curricular (BNCC), o livro *Habilidades socioemocionais a partir de histórias infantis* escrito por Orsi et al. oferece um trabalho para estimular as habilidades emocionais dos 3 até os 17 anos a partir de atividades lúdicas relacionadas aos temas dos livros de histórias, com o objetivo de facilitar a compreensão das emoções, principalmente em situações de conflito ou de grande mobilização emocional.

Quando a criança e o adolescente se encontram estabilizados emocionalmente e se sentem seguros no ambiente, eles aprendem com mais facilidade os conteúdos escolares e conseguem apresentar um comportamento mais adaptativo.

A capacidade de metacognição é responsável pelo uso de estratégias para controlar a cognição e a emoção, envolvendo as funções executivas que integram processos para resolução de problemas.

Temos aqui a importância do adulto, no que se refere a ser um mediador no processo de desenvolvimento socioemocional da criança e do adolescente, ensinando-os a controlar as emoções, à medida que recebem auxílio para interpretar seus sentimentos e fazer a leitura do ambiente de maneira correta, a fim de ajustar suas atitudes.

O educador precisa estar atento quando o aluno, ao chegar na escola, apresenta uma agitação motora fora do habitual, causa conflitos com os colegas, não realiza as atividades em sala de aula e chora sem motivo aparente. Este é um aluno que mostra que algo vem lhe acontecendo e que esse comportamento pode refletir problemas familiares que estão lhe angustiando e desestabilizando emocionalmente. É importante o educador saber manejar a situação, sem julgamento, por meio de conversa para ajudá-los a compreender seus sentimentos e autorregular seu comportamento.

A BNCC (2017, p.8) define dez competências gerais que devem ser desenvolvidas ao longo da educação básica, as quais vão desde o conhecimento lógico formal à estimulação das habilidades socioemocionais (Figura 2).

Crianças e adolescentes com problemas de ordem cognitiva-emocional tendem a apresentar dificuldades no processo de aprendizagem, assim como na vigência de um transtorno psiquiátrico, déficits cognitivos tendem a estar presentes. A eficiência cognitiva pode ficar abalada em razão de muitos fatores, e é importante que profissionais da área educacional disponham de estratégias e recursos que possam auxiliar no percurso acadêmico da população jovem, assim como conheçam as características clínicas e cognitivas dos transtornos mentais que podem se iniciar na infância.

As patologias diretamente contempladas na inclusão são as deficiências sensoriais, intelectual, motoras, transtorno do espectro autista e altas habilidades. Neste livro, optamos por enfocar as patologias neuropsiquiátricas, uma vez que a maior parte desses transtornos não é contemplada diretamente nas leis de inclusão e essas crianças e adolescentes apresentam comportamentos que dificultam e/ou impedem diretamente a aprendizagem. A escola muitas vezes se vê com dificuldades para a inclusão e adaptação às necessidades dessas crianças, uma vez que são necessárias intervenções e suporte escolar apropriado para que a aprendizagem possa acontecer.

Conhecimento	Valorizar e utilizar os conhecimentos como forma de entender e explicar a realidade, colaborando com a sociedade.
Pensamento científico, crítico e criativo	Estimular a curiosidade e levar o aluno a investigar causas, elaborar e testar hipóteses, fazendo-o resolver e solucionar problemas de maneira criativa.
Repertório cultural	Proporcionar vivências que possibilitem o aluno a participar de diversas práticas da produção artística e cultural.
Comunicação	Levar o aluno a praticar várias formas de se expressar e partilhar informações, experiências, ideias e sentimentos, almejando o entendimento mútuo.
Cultura digital	Ter acesso e por meio da tecnologia comunicar-se de forma significativa e ética.
Trabalho e projeto de vida	Entender o mundo que o rodeia e saber fazer escolhas alinhadas à cidadania com liberdade, autonomia e responsabilidade.
Argumentação	Aprender a questionar, formular ideias, pontos de vista etc., argumentando os fatos com informações confiáveis.
Autoconhecimento e autocuidado	Aprender a cuidar, conhecer e compreender a si mesmo na diversidade humana.
Empatia e cooperação	Respeitar e fazer-se respeitar dentro dos direitos humanos, com valorização à diversidade.
Responsabilidade e cidadania	Agir com responsabilidade, flexibilidade, resiliência e determinação, não esquecendo da ética e democracia, sendo inclusivo e solidário.

FIGURA 2 Competências gerais que devem ser desenvolvidas ao longo da educação básica.

TRANSTORNOS PSIQUIÁTRICOS

Na maior parte dos transtornos neuropsiquiátricos na infância e adolescência (exceção de TEA), as intervenções devem ser focadas nas dificuldades pontuais que os pacientes apresentam. Muitas vezes, o suporte precisa ser organizado com metas temporais bem estabelecidas que devem ser acordadas entre a escola, a equipe multiprofissional e os familiares. Ou seja, o suporte deve ser proporcionado enquanto habilidades específicas estão sendo desenvolvidas, sendo retirado assim que as metas forem cumpridas. Torna-se necessário, então, a revisão contínua dos objetivos e suportes utilizados em função do nível de complexidade e gravidade em cada momento de apresentação da patologia. Em casos em que a criança e o adolescente tenham idade e maturidade suficientes, o acordo pode ser realizado juntamente com eles.

Quando a criança e/ou adolescente apresentam sofrimento por um tempo prolongado e causam prejuízos para a sociedade e para si mesmos, isso caracteriza um transtorno.

Como o diagnóstico de patologias neuropsiquiátricas é baseado em sinais e sintomas, é muito importante que nós, como profissionais de saúde e educação, possamos ficar atentos às mudanças de critérios diagnósticos que possam interferir em mudanças diagnósticas, mas, sobretudo, mudanças que impactem diretamente na nossa atuação profissional.

Transtorno do espectro autista

Na criança aos 6 meses de vida, já se pode identificar os sintomas de autismo e, quanto mais cedo forem percebidos, melhor, pois com os estímulos, é possível a criança evoluir e mudar o comportamento para melhorar a qualidade de vida. Quanto mais precocemente as intervenções acontecerem, maior a eficácia do tratamento.

Crianças com TEA apresentam dificuldades na interação social, na aquisição e uso contextualizado do sorriso social e no contato visual. Pacientes com

TEA podem não perceber a intencionalidade do outro, sendo muito difícil para eles a percepção global na leitura social ou educacional. Tendem a ficar rígidos em partes específicas de um conteúdo ou situação social com dificuldades de ampliar sua visão para uma compreensão global.

Tabela 1 Transtornos neuropsiquiátricos

Patologia	Características diagnósticas (DSM-5)	Níveis de comprometimento	Comportamentos
Transtorno do espectro autista (TEA)	Linguagem, socialização e estereotipias (inabilidade de comunicação social, comportamento restrito e repetitivo, inflexibilidade de mudanças, padrões rígidos de comportamento e pensamento)	Leve Moderado Severo	Movimentos repetitivos, dificuldade de expressar suas ideias de forma organizada e coerente, dificuldade em se socializar e interagir (dependendo do nível de comprometimento) com as pessoas no ambiente em que está inserido. Os comportamentos têm de aparecer desde a infância, mas podem aparecer com o tempo, conforme as demandas sociais
Transtorno de déficit de atenção e hiperatividade (TDAH)	Falhas atencionais, organização, planejamento, memória operacional, agitação psicomotora e impulsividade	Leve Moderado Severo	Baixa tolerância à frustração, irritabilidade ou habilidade do humor

(continua)

Tabela I   Transtornos neuropsiquiátricos (*continuação*)

Patologia	Características diagnósticas (DSM-5)	Níveis de comprometimento	Comportamentos
Transtornos ansiosos	Agitação motora, falha atencional, baixa autoestima, desorganização, alteração do sono	Leve Moderado Grave	Sentimento de tristeza, incapacidade, dor abdominal, dor de cabeça, sudorese excessiva, tremores, dificuldade à exposição
Transtorno de depressão	Dificuldade em resolução de problemas, planejamento, flexibilidade mental, humor deprimido	Leve Moderado Severa	Rigidez de pensamento, alteração de humor
Transtorno bipolar	Dificuldade em reconhecer internamente estados mentais de si mesmo e de outros indivíduos, reconhecimento de faces, dificuldade em aprendizagem informal, déficit em autorregulação do afeto e comportamento (social), memória operacional. tipo I, em que a elevação do humor é grave e persiste (mania), e o tipo II, em que a elevação do humor é mais branda (hipomania)	Leve Moderado Severo	Apresenta sofrimento clinicamente significativo, prejuízos sociais ou outras áreas importantes do funcionamento, alteração de humor, depressão

(*continua*)

Tabela 1 Transtornos neuropsiquiátricos (*continuação*)

Patologia	Características diagnósticas (DSM-5)	Níveis de comprometimento	Comportamentos
Transtorno de aprendizagem	**Transtorno da leitura:** leitura de palavras de forma imprecisa ou lenta e com esforço, dificuldade para compreender o sentido do que é lido **Transtorno da matemática:** dificuldades para dominar o senso numérico, fatos numéricos ou cálculo, dificuldades no raciocínio **Transtorno da expressão escrita:** dificuldades para ortografar (ou escrever ortograficamente), dificuldades com a expressão escrita	Leve Moderado Grave	Dificuldade na linguagem e compreensão, ou seja, mau desempenho escolar, dificuldade na aquisição de habilidades acadêmicas fundamentais, como: dificuldades significativas na aquisição e no uso da audição, fala, leitura, escrita, raciocínio ou habilidades matemáticas

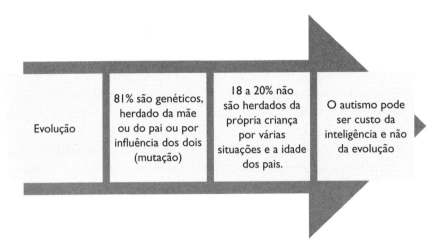

FIGURA 3 Transtorno do espectro autista.

Para o diagnóstico do TEA, é necessária a atuação conjunta de uma equipe multiprofissional. Estudos recentes[33] mencionam que as linhas comportamentais de intervenção apresentam melhores resultados em crianças com TEA.

Um dos fatores que é considerado fundamental para a eficiência de uma intervenção em autismo é a intensidade. O primeiro passo a ser tomado para designar os métodos interventivos mais eficazes para determinadas crianças com TEA é a avaliação individualizada para a definição de objetivos e programação de ensino.

Após a avaliação dos déficits e excessos apresentados, deve-se elaborar e/ou adaptar programas individuais para o desenvolvimento das habilidades avaliadas. No caso do contexto educacional, o Plano de Ensino Individual (PEI) ou Plano de Desenvolvimento Individual (PDI) deve ser elaborado em conjunto com a equipe multiprofissional e a família.

Transtorno de déficit de atenção e hiperatividade

O transtorno de déficit de atenção e hiperatividade/impulsividade (TDAH) é um transtorno que interfere diretamente no comportamento dos alunos, desequilibrando o foco da atenção, funções executivas e a memória operacional, prejudicando, assim, seu desempenho escolar.

Alunos com características relacionadas a falhas na atenção e no planejamento, que não terminam as atividades na classe, pulam folhas no caderno, sempre derrubam seus lápis, borrachas e outros materiais no chão, esquecem de fazer suas lições de casa, não prestam atenção no conteúdo que o educador explica na sala de aula, apresentam também uma desorganização em todo o contexto ambiental e são inquietos, e devem receber um olhar mais atento dos educadores.

Segundo Sampaio e Braga[34], o TDAH é um transtorno neurobiológico, porém a sintomatologia impacta diretamente na aprendizagem escolar quando a criança não é assistida de forma adequada pelas escolas.

O TDAH não é um transtorno que pode ser diagnosticado com exame de sangue, nem radiografia, tomografia ou ressonância magnética, ele é avaliado por um médico e uma equipe multidisciplinar com aplicação de testes cognitivos, neuropsicológicos e observação do comportamento.

De acordo com o DSM-5, os atrasos leves no desenvolvimento linguístico, motor ou social são comórbidos ao TDAH. As características associadas podem incluir baixa tolerância à frustração, irritabilidade ou habilidade do humor. Mesmo com a ausência de transtorno de aprendizagem específica, o desempenho acadêmico pode estar prejudicado.

Segundo Sampaio e Braga[34], o tratamento sistemático adequado às necessidades da criança pode trazer bons resultados durante sua vida acadêmica.

Transtornos ansiosos

A ansiedade difere das emoções de forma neurobiológica. Sem dúvida as emoções estão envolvidas, como, por exemplo, o medo e a tristeza (entre outras), porém, a ação conjunta dos pensamentos permite que as funções executivas possam ser estimuladas e, dessa forma, surge um mecanismo de (des)controle da ansiedade que pode permitir a (in)adequação da apresentação comportamental.

Ao contrário da apresentação das emoções, a ansiedade mostra-se em diferentes intensidades (leve, moderada e grave), porém de forma mais sustentada do que as emoções. Nem sempre a pessoa que a demonstra em intensidades mais leves consegue perceber a sua apresentação, e esse mecanismo permite o funcionamento diário. No caso de apresentações mais intensas com interferência direta na vida diária, isso resulta em comportamentos inadequados e que, muitas vezes, não são conscientes. A criança, ao se deparar com esses comportamentos, acaba por se desorganizar ainda mais, entrando em um ciclo ansioso que passa a alimentar a própria ansiedade e impede as atividades de vida diária.

A ansiedade pode se apresentar em diversas situações, como, por exemplo, na escola. A ansiedade de separação dos pais, muitas vezes, impede a aprendizagem e, em casos mais graves, pode até mesmo impedir a criança de frequentar o ambiente escolar. Em casos mais leves, é comum a preocupação extrema com o desempenho – o que acaba por prejudicá-lo, causando o nervosismo ou a incapacidade de participar principalmente de apresentações ou exposições frente ao grupo escolar.

A associação com sintomas corporais pode ser facilmente observada. São comuns relatos de dores (dor abdominal, dor de cabeça), sudorese excessiva, tremores e agitação corporal. Da mesma forma observam-se frequentemente dificuldades em manter-se atento por deslocamento do pensamento, alterações do sono e, consequentemente, baixo desempenho em atividades escolares, recusa em falar ou em participar de situações avaliativas, frequentar ou participar de grupos sociais.

Dessa forma, os sintomas devem ser observados de forma individual e o acolhimento e a evitação das situações que geram ansiedade devem ser uma constante até que o processo terapêutico tenha início. Nesses casos, é fundamental o suporte da equipe terapêutica para a gradação das apresentações das situações que geram a ansiedade e o enfrentamento controlado (com técnicas de manejo auxiliar, como o controle e a reorganização do padrão de respiração).

A escola pode, em uma tentativa de suporte a esse diagnóstico, apresentar ambientes e pessoas da equipe escolar que possam ser referência para a utilização das estratégias mais efetivas para o controle e reorganização do funcionamento da criança. O evitamento total das situações que geram a ansiedade sem um planejamento gradual e cuidadoso da reinserção dessas situações no cotidiano pode exacerbar o medo e tornar a criança disfuncional, gerando falhas no funcionamento em longo prazo (principalmente escolar).

O planejamento para os casos de ansiedade deve fazer parte da equipe escolar, em conjunto com as equipes médica e multidisciplinar que acompanham a criança. Envolver os professores é fundamental para o sucesso do programa conjunto com crianças ansiosas. O professor pode conhecer e auxiliar no manejo diário do comportamento da criança, além de auxiliar também as crianças com dificuldade em apresentações públicas oferecendo treinos e pequenas situações de destaque frente ao grupo (por exemplo, trazer ao professor o caderno de um colega, apagar a lousa, buscar algum documento na secretaria). Da mesma forma, permitir que as apresentações em público possam acontecer por meio de vídeos e/ou gravações.

É importante que o professor e a equipe escolar possam combinar sinais e palavras que, quando apresentados pela criança, representam a piora dos sintomas ansiosos, permitindo uma reformulação do contexto da sala de aula.

É fundamental que a criança possa manter uma rotina saudável com a percepção dos seus comportamentos físicos e sensações corporais e mentais relacionados às emoções. Tanto na escola quanto em casa, a nomeação livre de emoções e pensamentos deve fazer parte do cotidiano. Se possível, pais e escola podem realizar dramatizações com relação ao conteúdo que gera ansiedade da criança, permitindo a aquisição e ampliação de repertórios de ações frente às situações que geram ansiedade.

Comumente essas crianças se beneficiam de auxílio em situações avaliativas, assim como da entrega da prova e/ou das atribuições página por página – uma página de cada vez, permitindo a realização das atividades em tempo estendido e com melhor organização da apresentação visual (mais espaço para que a criança possa organizar o pensamento antes de formular a resposta final das questões).

As expectativas com relação a cada resposta devem ser apresentadas às crianças com os critérios de correção claros e transparentes (de preferência apresentados em forma de itens e com uma imagem que auxilie na construção dos conteúdos). Verificações frequentes da compreensão e da necessidade de suporte devem ser estabelecidas na relação com os professores, porém é importante lembrar que grande parte desses auxílios devem partir do adulto, uma vez que a ansiedade e a dificuldade de percepção das emoções e pensamentos que geram a ansiedade podem dificultar a busca de auxílio pela criança.

Situações avaliativas devem ser realizadas em ambientes separados e silenciosos, com a possibilidade do uso de folhas de anotações com palavras-chave e folhas de equação, desde que o conteúdo pedagógico da avaliação não seja esses elementos. O uso de materiais como massas de modelar, cubo do estresse, suporte para pés, dentre outros pode ser estimulado.

Transtorno depressivo

A depressão tem sido relacionada a diversas alterações em funções executivas e, dentre essas alterações, não devemos esquecer que a atenção voluntária, a memória operacional e as funções de planejamento, organização e categorização estão diretamente relacionadas à produção e compreensão de linguagem e de processos de aprendizagem que interferem diretamente no desenvolvimento do indivíduo. Os processos de compreensão e estruturação da linguagem e da aprendizagem são habilidades cognitivas que envolvem habilidades relativas à representação mental, e estão diretamente relacionados às funções executivas; dentre elas, destacam-se a atenção voluntária e a memória operacional. Formar imagens mentais depende fundamentalmente da habilidade de desenvolver e criar imagens, mantê-las em mente (função da memória operacional) e reorganizá-las por meio de atos e ações motoras[35].

Autores como Pantano[23], em seu trabalho com indivíduos depressivos, também verificaram alterações importantes quanto à compreensão oral e escrita e à repetição, de modo diretamente proporcional à complexidade sintática e silábica e à extensão do material a ser compreendido. Na leitura, evidenciou-se a predominância de processamento perilexical e leitura silábica nesses indivíduos. Dessa forma, a autora concluiu que, nessa população, o processamento de informações lexicais, sintáticas e semânticas complexas produz uma sobrecarga na memória de trabalho e, consequentemente, baixo desempenho.

As funções executivas em pacientes com depressão unipolar têm sido relatadas por diversos autores, como Fossati et al.[36], que demonstram nessa população dificuldades na resolução de problemas e no planejamento. Alterações na flexibilidade mental também são destacadas, mostrando por parte desses pacientes uma tendência à rigidez de pensamentos e perda na flexibilidade cognitiva reativa e espontânea.

Outro mecanismo cognitivo estudado nessa patologia por Pantano diz respeito à "memória relacionada com o humor", que é um mecanismo cognitivo de facilitação para a instalação de (ou para a manutenção de) um quadro depressivo por meio de pensamentos e processamentos condizentes com o estado de humor do indivíduo. Essa rigidez cognitiva na retenção de elementos negativos conjunta com as disfunções dorsolaterais pré-frontais presentes na depressão, que são caracterizadas pela inflexibilidade cognitiva, dificuldades no planejamento e na resolução de problemas, tem sido destacada como mecanismo de perpetuação do estado de humor melancólico e depressivo[37].

Transtorno bipolar

Estudos atuais indicam que a aprendizagem da teoria da mente (capacidade de representar e reconhecer internamente estados mentais de si mesmo e de outros indivíduos) é extremamente prejudicada em pacientes com o diagnóstico de transtorno bipolar, independentemente das alterações cognitivas e das oscilações de humor[38,39].

Essas alterações resultariam em déficits relativos à cognição social mesmo em pacientes eutímicos[39,40]. De forma bastante interessante, os estudos de Montag têm demonstrado que o número de episódios maníacos parece estar correlacionado a piores índices em testes de teoria da mente.

O reconhecimento de estados emocionais (reconhecimento de faces) também está prejudicado nesses pacientes com alterações em nível funcional[41] e de ativação neurológica por meio de alterações funcionais relativas ao mecanismo das funções executivas e de estruturas como córtex cingulado anterior, striatum e amígdala[42]. Esses estudos começam a clarificar as dificuldades com a aprendizagem informal, que resultam em déficits de autorregulação do afeto e comportamento, principalmente social.

Falhas na memória operacional nessa patologia também têm sido observadas por meio de diversos estudos que observaram uma hipoativação de áreas como o corte dorsolateral pré-frontal, normalmente atribuídas a essa função[43,44]. No processo de aprendizagem, a memória operacional está envolvida principalmente nos processos de sustentação da atenção, armazenamento de instruções, recordação temporária de informação, atribuição de significado a informações no contexto em que estão inseridas e raciocínio, sendo assim fundamental para a aquisição de informações no contexto educacional, como matemática, leitura, escrita e compreensão e resolução de problemas. Prejuízos na memória operacional também têm sido foco de diversos estudos em pacientes bipolares[45-48]. A hipoativação de áreas como o corte dorsolateral pré-frontal, atribuídas a essa função[43], parece ser uma característica desses pacientes.

Transtornos de aprendizagem

Quando pensamos em educação, um dos objetivos como pais e professores é desenvolver o potencial da aprendizagem da criança de forma plena e tranquila. Porém, muitas vezes, com o ingresso da criança na situação educacional, surgem dificuldades, que começam a ser observadas pelos pais ou são apontadas pela escola, que acabam por colocar em dúvida as condições que envolvem a aprendizagem.

Afinal, o problema está na criança ou na escola, por não saber ou ter dúvidas de quais metodologias apropriadas utilizar para desenvolver o potencial da criança? Essa não é uma pergunta fácil de ser respondida e torna-se essencial conhecer e observar diversos ambientes e situações em que a criança se encontra envolvida, para que se possa chegar a uma conclusão que permita à escola, aos pais e a possíveis profissionais envolvidos desenvolver o potencial necessário para que a aprendizagem possa se regularizar.

O diagnóstico envolvendo a aprendizagem, ao contrário de outros diagnósticos na área de saúde, sofre interferência constante do ambiente, e isso pode provocar a sobreposição de sintomas e dificuldades para implementar processos de intervenção efetivos. Não basta ter uma criança com a queixa de não aprender para sabermos qual o foco do problema. É preciso investigar a participação do aluno no contexto pedagógico da escola, a estrutura pedagógica da escola e a estrutura familiar, que permite à criança cumprir o processo de ensino-aprendizagem de forma a incluir na sua rotina diária momentos propícios ao estudo e à reflexão escolar, além, é claro, do potencial cognitivo e emocional da criança.

Quando consideramos a interface ambiente-cérebro (nos aspectos cognitivos e emocionais) resultando na aprendizagem, temos diversos estudos que confirmam essa inter-relações[49]. A leitura, escrita e a aprendizagem do cálculo matemático não dependem somente dos aspectos desenvolvimentais. São invenções sociais e culturais que dependem do cérebro, porém, é fundamental que sejam propiciadas condições ambientais e emocionais para uma aprendizagem efetiva e coerente. Dessa forma, é necessário que a escola propicie, por exemplo, condições para a aquisição de habilidades necessárias para a aprendizagem de forma sequencial e coerente. Assim, para a aprendizagem da leitura e da escrita, é necessário o reconhecimento das letras e a conversão grafo-fonêmica; no caso das habilidades matemáticas, é importante que a criança possa se deparar com ambientes que propiciem a organização do raciocínio matemático e das noções de quantidade, para que as quatro operações básicas possam se estabelecer.

Os pais também devem providenciar um suporte de situações estratégicas e de vida real que permita à criança ver a utilização desses conceitos. A necessidade dessas aquisições deve ser enfatizada por leitura de livros, construção de imagens mentais, brincadeiras envolvendo esses conceitos (rimas, aliteração, cálculos) e o fortalecimento social e emocional que as pessoas adquirem em posse dessas informações.

Autores como Ciasca[50], Zorzi e Capellini[51] e Pantano e Zorzi[23], que estudam e atuam na área de educação, consideram as alterações do processo de ensino-aprendizagem por meio dos seguintes critérios diagnósticos:

Dificuldades ou problemas de aprendizagem: falhas decorrentes de condições ambientais inadequadas ou falhas pedagógicas, alterações entre as modalidades de ensino e de aprendizagem.

Distúrbio de aprendizagem ou transtorno de aprendizagem: alterações resultantes de processos cognitivos intrínsecos ao sujeito da aprendizagem.

O transtorno de aprendizagem é considerado específico e recebe classificações como dislexia, disgrafia e discalculia (porém, com o DSM-5, essas classificações passaram a ser chamadas transtorno da leitura, transtorno da matemática e transtorno da expressão escrita) quando não pode ser atribuível a fatores externos como questões econômicas, sociais ou educacionais, desenvolvimento intelectual, transtornos motores, de linguagem ou deficiências sensoriais. Esse diagnóstico só pode ser realizado a partir da entrada da criança na educação formal e por uma equipe multidisciplinar.

Estudos feitos por Mammarella et al.[52] relatam também que a matemática está associada à ansiedade, e a criança pode apresentar dificuldade. Essas dificuldades são ligadas ao desempenho e déficits cognitivos, emocionais, memória de curto prazo e memória de trabalho. Segundo autores baseados em Barddeley, a memória operacional é um sistema limitado em que se permitem informações verbais e visuoespaciais para ser temporariamente armazenada e manipulada. Os estudos ainda revelaram o baixo rendimento em matemática tanto de crianças com transtorno específico de aprendizagem como com altos níveis de ansiedade. Os pensamentos negativos influenciam o baixo rendimento ou até mesmo prejudicam o desempenho em matemática.

O maior objetivo na intervenção dos transtornos de aprendizagem é ajudar a criança a adquirir o conhecimento e as habilidades necessárias para compreender e participar ativamente da situação escolar por meio das suas habilidades. Se os alunos não possuem uma linguagem oral competente, eles são de risco para dificuldades acadêmicas, comportamentais, sociais e emocionais. Normalmente, observam-se em crianças com transtornos de aprendizagem prejuízos em diferentes graus de comprometimento no processamento da linguagem, processamento fonológico, visuoespacial, velocidade de processamento, memória e atenção e função executiva.

Uma boa avaliação e planejamento dos transtornos de aprendizagem devem envolver os pontos fortes e fracos da criança e/ou adolescente e objetivos semanais, mensais e anuais. Devem ser estabelecidas quais estratégias, canais sensoriais e recursos cognitivos serão utilizados de forma prioritária, garantindo a compreensão das atividades e explicações.

QUEM AVALIA?

Para definir o diagnóstico é fundamental uma equipe multidisciplinar a fim de avaliar e mapear as habilidades cognitivas e socioemocionais da criança e/ou adolescente. De uma forma geral, o médico auxilia e finaliza o diagnóstico a partir de exames e de avaliações da equipe multidisciplinar envolvendo os seguintes aspectos:

- Neuropsicólogo: realiza o mapeamento do funcionamento cognitivo e socioemocional.
- Fonoaudiólogo: avalia a área de aspectos da comunicação humana, bem como a linguagem oral e escrita, fala e as funções cognitivas associadas a essas habilidades.
- Terapeuta ocupacional: avalia o desempenho da vida diária e quais fatores cognitivos, motores, emocionais, sociais e ambientais podem estar relacionados à sua evolução escolar.
- Psicopedagogo: avalia as habilidades relacionadas ao processo de aprendizagem escolar e na vida diária considerando as estimulações pregressas e atuais fornecidas pelo ambiente.
- Pedagogo: fornece informações sobre a performance e o comportamento do aluno em situações de grupo.

SUGESTÕES COM ESTRATÉGIAS PARA MODIFICAÇÃO NO AMBIENTE ESCOLAR

Estimular a criança e o adolescente a organizar-se e planejar-se para estudar, preparando o ambiente onde possa oferecer materiais que os auxiliem no aprendizado, é a primeira estratégia considerada fundamental para que o estudante aprenda.

Além disso, Pantano e Moreira[14] descrevem dicas de estratégias para estimulação de crianças de 0 até 6 anos, colocando a importância de falar com elas, ler livros com figuras diariamente, explorar novas palavras, procurar olhar para a criança quando estiver falando, fazer elogios, encorajá-la, descrever o que está fazendo, planejando ou pensando, estabelecer diálogo, fazer perguntas para que elas possam pensar e falar, reconto de histórias utilizando livros ou figuras, estimular categorização, agrupamento e conversas sobre seus interesses, entre outros, o que contribui para desenvolver as habilidades cognitivas.

As autoras ainda mencionam a importância de trabalhar por meio dos nomes, rimas e palavras que começam e terminam com o mesmo som. Explorar o som da natureza como o do trovão: "Trooom; som do silêncio: Chiiiuuuu, para estimular o som do "X", "Ch"; nomeação de objetos que estão no ambiente em que a criança se encontra trabalhando a consciência fonológica.

O educador precisa fazer um processo de avaliação de aprendizagem para entender o quanto os alunos adquiriram de conhecimento nos anos anteriores, assim poderá traçar um perfil dos alunos e planejar sua aula a partir do conhecimento prévio, beneficiando os alunos com um planejamento mais eficiente, o que envolverá a cada um em seu processo de aprendizagem e o trabalho do professor no processo de ensino.

É importante também o profissional da educação se preocupar em conhecer os alunos, antecipando informações sobre o desempenho deles com os professores anteriores, assim dará o primeiro passo para conseguir planejar suas aulas e seus objetivos, facilitando sua prática em sala de aula e na preparação dos conteúdos que deverá aplicar no ano letivo.

Ao colher as informações com os colegas de profissão, com as atividades que avaliam o aprendizado e mesmo com a equipe multidisciplinar que acompanha o aluno, é possível o profissional da educação refletir sobre sua prática mediante a necessidade de cada um e adaptar e/ou ajustar materiais, avaliações, atividades e exercícios de acordo com a necessidade de cada aluno.

Organização e autonomia dos alunos

Além de pensar sobre a prática, é fundamental também pensar sobre como melhorar o ambiente da sala de aula ou até mesmo do ambiente escolar, para favorecer a organização e autonomia dos alunos e a possibilidade de eles estenderem essa organização para o ambiente domiciliar.

Isso vai além de adaptar e/ou ajustar atividades, mas vai proporcionar um ambiente que estimule a autonomia, o que contribuirá para a aprendizagem e a estimulação das habilidades cognitivas. Isso pode ser iniciado desde os primeiros anos escolares (*slide* 1).

Podemos auxiliar a criança na construção, organização e checagem da agenda. Por exemplo: sugere-se que as instruções para anotação na agenda estejam escritas sempre no mesmo lugar para facilitar a localização, bem como ressalta-se a necessidade de que essas instruções sejam apresentadas de forma clara e objetiva, com auxílio de recursos visuais com cores para que os alunos consigam transpor organizadamente para a agenda.

É fundamental o educador montar uma rotina diária na lousa ou em um cartaz desde a educação infantil, para que os alunos possam saber quais serão as atividades desenvolvidas ao longo do período escolar.

Por exemplo: na educação infantil, montar plaquinhas com fotos e digitar com letras maiúsculas as atividades; no ensino fundamental I, nos anos iniciais pode-se prosseguir com o mesmo modelo da educação infantil e, depois, ir adequando na lousa a rotina utilizando desenhos referentes ao que será trabalhado durante o período de aula.

Para alunos que estão nas séries iniciais do ensino fundamental I, é necessário que o educador faça linhas na lousa a fim de que eles possam ter uma referência de como se organizar melhor em seu caderno ou agenda.

Já para os alunos do ensino fundamental II, basta escrever no canto da lousa as tarefas de casa para que possam anotar na agenda, de preferência com cores diferentes.

A fim de que a rotina escolar seja significativa para o aluno, é importante que ele faça parte da construção dessa rotina. Isso também o ajudará a organizar-se durante o período de aula, diminuindo a ansiedade em relação à saída.

Conforme forem cumprindo as atividades, ticar as tarefas já executadas e, quando concluir todas elas, retomar de maneira sucinta o que foi realizado no dia e quais conteúdos foram abordados.

Com essa prática, o aluno aprenderá a organizar e planejar suas ações e poderá utilizar essa mesma organização na execução das suas tarefas em casa. Assim, cumprirá suas responsabilidades dentro do prazo estipulado pelo educador, estimulando sua autonomia (*slides* 2 a 4).

O que facilita também é montar a grade de aulas por dia da semana com cores diferentes para a organização da mochila. Por exemplo, pintar a segunda-feira de amarelo e etiquetar todos os livros ou cadernos que serão usados neste dia de amarelo, utilizando um pedaço de papel desta cor, que pode ser colado na lateral do material.

Alguns livros terão etiquetas de várias cores, porque serão usados em mais de um dia da semana. O importante é que a criança olhe em sua prateleira, onde seus livros e cadernos devem estar arrumados, e não veja nenhuma etiqueta amarela, por exemplo, pois todos os materiais com essa cor de etiqueta estarão na mochila (*slides* 5 a 7).

Segunda-feira	Terça-feira	Quarta-feira	Quinta-feira	Sexta-feira
Português	Geografia	Matemática	Português	História
Matemática	Português	Inglês	Ciências	Educação Física
Ciências	História	Português	Desenho geométrico	Espanhol
Educação Física	Religião	Educação Física	Geografia	Português
Artes	Desenho geométrico	Informática	Espanhol	Matemática

Em casa, os pais devem estimular o filho na organização da mochila, supervisionando, permitindo que a própria criança execute a tarefa. Este pode ser um assunto abordado na reunião de pais.

Os pais também podem auxiliar na checagem da agenda para verificar quais atividades deverão fazer ou mesmo se já fizeram todas as tarefas anotadas. É importante fazer as tarefas dadas no dia, mesmo com prazos de entrega, pois dessa forma as crianças estarão retomando os conteúdos aprendidos em sala de aula, garantindo a fixação do exercício e evitando esquecimento. Após concluir as atividades elas devem ticá-las (*slide* 8).

Também é possível providenciar um quadro ou fazer no computador um calendário mensal, em que o aluno escreva os dias das provas para se organizar no momento dos estudos. Desse modo, antecipa-se a retomada dos conteúdos para a prova priorizando a data mais próxima, e assim sucessivamente (*slides* 9 a 13).

Pode-se ensinar e permitir o controle autônomo do tempo durante a realização das atividades em sala de aula. Para uma atividade de 50 minutos, utilizar um relógio subdividido a cada 15 minutos (cada parte de uma cor) até os 30 minutos, os próximos 10 minutos com outra cor, os próximos 5 minutos de outra cor e os 5 minutos finais com outra cor, para que a criança perceba a passagem do tempo e como se organizar na realização das tarefas (*slide* 14).

Auxiliar os alunos a planejar ações e objetivos

- Iniciar a tarefa: motivação e volição.
- Desenvolver a tarefa: monitorização dos comportamentos necessários para o alcance da meta, resistindo aos estímulos interferentes ou irrelevantes e tomando consciência dos erros, a fim de corrigi-los e modificar a conduta, flexibilizando de modo a imaginar e criar novas saídas para o problema.
- Alcançar a meta: finalizar as tarefas de maneira eficaz.
- Organizar com o aluno quais são as metas prioritárias diárias e elencar estratégias para o seu alcance. Estimular que o aluno crie suas metas e estratégias, cabendo ao educador mediar.

Associado ao item anterior, sugere-se trabalhar com autoavaliação, estimulando-os a levantar quais pontos já foram melhorados e quais ainda poderão melhorar, estipulando metas de alcance e favorecendo a autopercepção e metacognição dos alunos (*slide* 15).

Meta ou objetivo:
- "Melhorar a nota de matemática."

O que fazer?
- "Manter o caderno sempre atualizado."
- "Fazer os exercícios de classe e de casa."
- "Conferir a correção dos exercícios."
- "Tirar dúvidas com a professora."
- "Estudar todos os dias de aula por pelo menos 30 minutos em casa."

O que consegui?
- "Já consigo estudar mais tempo em casa, mas ainda preciso da ajuda dos meus pais."
- "Meu caderno está completo."
- "Quando tenho dúvida levanto a mão e pergunto para a professora."

Construir com o aluno uma ficha de autoavaliação para que possa estimular a autopercepção e autorregulação poderá ajudar na mediação de suas ações, desenvolvendo autonomia na execução das tarefas, ou mesmo buscar auxílio com o educador e tirar suas dúvidas para garantir uma aprendizagem efetiva (*slide* 16).

Estabelecer pactos pedagógicos em que se exponham as regras de sala de aula, construídas pelos alunos em conjunto com o educador, agregando também os benefícios relativos ao cumprimento dessas regras, por exemplo, um período em dia da semana para ouvirem e desenvolverem atividade com música, ou um dia de jogo. Ressalta-se que esse combinado deve ser feito em conjunto com os alunos, de forma personalizada.

Adaptar as atividades dadas em sala de aula e manter o conteúdo trabalhado pelo grupo, com atividades reduzidas mediante as necessidades do aluno no processo da aprendizagem, como, por exemplo:

- Diminuir a extensão do enunciado.
- Criar perguntas mais objetivas.
- Espaçamentos de 1,5 entre as linhas.
- Tempo maior de prova.

- Fonte das letras Arial tamanho 12 e em alguns casos utilizar letras maiúsculas.
- Maior espaço entre uma palavra e outra ajuda na leitura (transtorno específico da aprendizagem).
- Realização da leitura em voz alta.
- Ilustrações das histórias lidas.
- Levantar assuntos importantes do texto e auxiliar na seleção de informações.
- Conversar sobre o tema antes da leitura para levantamento dos conhecimentos prévios.
- Discutir, depois da leitura, pontos julgados importantes no texto.
- Utilizar gravadores para, se necessário, ouvir quantas vezes precisar sobre a história ou sobre a própria aula.
- Estimular o uso de livros diversificados abordando o assunto de formas variadas. A criança de forma geral, principalmente criança com transtorno de déficit de atenção e hiperatividade/impulsividade, é bastante motivada por meio das novidades[34].

Esse formato contribuirá para que o aluno possa ter um melhor desempenho e compreensão das questões nas avaliações.

Ao conseguir planejar suas aulas de acordo com o processo de aprendizagem do aluno, é possível formar pessoas que reflitam sobre o que estão aprendendo e formulem questionamentos sobre o conceito apresentado para que possam tirar suas dúvidas e interagir, trocando experiências com os outros colegas e, a partir disso, construir seus conhecimentos.

É importante o educador encorajar o aluno, em situação de estudo privado, a ler o conteúdo aprendido em sala de aula e a expor aos colegas o que compreendeu sobre o assunto.

É interessante também ensinar os alunos a trabalhar com construção do mapa mental, utilizando palavras-chave para facilitar no momento de uma apresentação e na memorização do conteúdo.

Durante todo o processo de aprendizagem, o educador poderá mediar o aluno a relacionar os conceitos previamente aprendidos com novos conceitos, como, por exemplo, retomar o conteúdo aprendido e relacionar ao novo conteúdo. Segundo Figueiral[14], aprender não é uma forma de memorizar os conteúdos ensinados buscando a resposta correta, e sim uma maneira de ressignificar o conhecimento aprendido.

O profissional precisa estar atento ao desempenho do aluno e mediar a sua aprendizagem com consciência, para que não passem despercebidas suas dificuldades e, futuramente, ele apresente lacunas que vão comprometer o seu desempenho escolar.

Durante os anos escolares, os alunos costumam questionar o porquê de aprender determinados conteúdos, portanto será interessante relacionar o conteúdo pedagógico com as profissões, para que o aluno compreenda a necessidade de aprender e, assim, construir critérios para uma escolha futura. Por exemplo: ensinar os pontos cardeais é uma tarefa árdua para os educadores, pois se trata de algo bastante abstrato para os alunos. Portanto, levá-los para o pátio e pedir que observem a posição do sol e a posição da sombra contribuirão de forma prática a entender o conceito. Assim, poderão, mediados pelo profissional, associar a importância de aprender esse conteúdo com a profissão de um arquiteto ou engenheiro, que precisa dominar esse conceito para a construção de uma casa, a fim de garantir se baterá sol em todos os cômodos, ou onde é melhor colocar o varal para as roupas secarem mais rápido.

No momento de avaliar o desempenho dos alunos, o profissional da educação não precisa necessariamente utilizar a avaliação por escrito (prova) como um único meio de comprovar o quanto o aluno aprendeu. O aluno pode ser avaliado durante todo o processo de aprendizagem em vários contextos, assim o profissional conseguirá monitorar quais exercícios já são possíveis de o aluno desempenhar e proporcionar sempre novos desafios, a fim de alcançar novas metas na aprendizagem (*slide* 17).

Atividades

Uma outra maneira de proporcionar o aprendizado é adaptar os materiais escritos em jogos pedagógicos, como: cruzadinha ou caça-palavras com as palavras-chave do conteúdo estudado, dominó de tabuada, quebra-cabeça de mapas, bingo de palavras com as dificuldades ortográficas mais comuns, *Stop* relacionado ao conteúdo específico, jogos de tabuleiro para estimulação do raciocínio lógico e estratégias, como dominó, xadrez, jogo da velha, rummikub, uno, resta um, ludo, quebra-cabeça em 3D, baralho, batalha naval, trilha, tangram, entre outros.

Em relação aos alunos com diagnósticos de transtorno de déficit de atenção e hiperatividade, o educador deve promover a modificação do ambiente de estudo com o objetivo de minimizar os estímulos distratores. Por exemplo, os alunos com déficits atencionais devem sentar-se nas primeiras carteiras, de preferência no meio da sala de aula, longe de janelas ou portas, ou conforme as orientações da equipe multidisciplinar que os acompanha.

Recorrer à variedade de recursos pedagógicos como filmes, slides expositivos sobre o conteúdo com imagens e cartazes com apresentação visual facilitará a aprendizagem e os alunos terão maior interesse.

Ele poderá sugerir que conforme a aula for sendo exposta, que escreva no caderno palavras que julgar importantes, referentes ao conteúdo, para depois construir o mapa mental (*slides* 18 e 19).

Nesse momento, estimularemos metacognição, automonitoramento, funções executivas, memória e planejamento, além da atenção. Esses estímulos futuramente serão fundamentais na execução de tarefas com autonomia.

Por isso, como mencionado anteriormente, é fundamental que o aluno aprenda a se organizar utilizando calendários e rotina escolar, e isso pode ser aprendido em sala de aula (*slide* 20).

Fazer contato visual é importante, pois ajuda o aluno a manter o foco, bem como a voltar de eventuais devaneios e estabelecer sinais secretos entre o aluno e o professor. Para fazê-lo notar quando está começando a se distrair, por exemplo, estalar os dedos perto do aluno sem falar o nome dele.

Deve-se atrair o interesse e apresentar a ele tarefas que sejam desafiantes e/ou pedir que auxilie o educador com os grupos para a execução das tarefas, delegando ao aluno responsabilidade, para se sentir importante e necessário no ambiente escolar (*slide* 21).

Durante as instruções das atividades, é interessante que estas sejam objetivas e curtas. Se a atividade for muito extensa, sugere-se dividi-la em etapas sequenciais menores até que o objetivo final seja alcançado. Por exemplo, se uma prova tiver três páginas, apresente uma de cada vez e instrua a criança que solicite a outra página somente quando terminar a que tem em mãos. Ressalta-se a necessidade de monitorar o aluno e redirecionar quando necessário, considerando o tempo gasto em cada uma das páginas.

Também estimular a leitura, relacionando-a com as vivências dos alunos, buscando textos e atividades que tragam notícias atuais, mas que estejam relacionadas com o conteúdo estudado, podendo fazer uma conexão entre as informações pesquisadas a fim de levantar os pontos relevantes e realizar discussões em grupo sobre o conteúdo abordado (*slide* 22).

Algumas das formas que podem ser trabalhadas são criar imagens visuais sobre o conteúdo apresentado, pedir para desenharem uma cena relacionada aos componentes curriculares, criar histórias em quadrinhos, pesquisar imagens relacionadas ao conteúdo (por exemplo: roupas usadas, utensílios, objetos). E utilizar recursos audiovisuais, a fim de recrutar mais conexões neuronais na aquisição da informação (filmes, músicas, vídeos, entre outros).

Promova vivências sobre o conteúdo, sugerindo aos alunos que pratiquem fazendo uma peça de teatro, uma dinâmica, vídeos curtos e experiências em laboratórios, bem como anotando o que observaram utilizando palavras-chave.

Formar grupos de alunos selecionados pelo educador poderá contribuir com os outros colegas que encontrarem dificuldade em aprender determinado conteúdo.

Também utilizar a informação adquirida em outro momento, fazendo uma conexão com a nova informação, formará novas redes neurais, estimulará a memória e promoverá a aprendizagem.

Confeccionar um jogo com palavras-chave sobre o conteúdo permitirá que façam a aquisição, evocação e manipulação da informação e apropriem-se de novos conhecimentos nas trocas com o grupo.

Por conta da estimulação por vias sensoriais, a emoção faz parte do processo de aprendizagem, por isso envolver atividades afetivamente positivas ajudará com a fixação do conteúdo (*slides* 23 a 25).

Orientar os pais com relação ao tempo de sono, sendo necessário o mínimo de 8 horas dormidas para que o aluno tenha maior disposição e manutenção da atenção no dia seguinte, auxiliando na fixação do conteúdo aprendido.

Para que o aluno memorize efetivamente a informação apresentada, é importante focar no estímulo mais relevante no momento, rechaçando os menos prioritários.

Uma das maneiras de acontecer o processo de memorização é trabalhar com mapa mental utilizando cores para maior ativação cerebral, letra bastão, linhas curvas do tamanho da palavra com palavras-chave do texto e, no centro, colocar o tema principal do assunto. Se tiver facilidade, será melhor transpor a palavra para desenho, o que auxiliará ainda mais na memorização (*slide* 26).

Outra forma de organizar a ideia é apresentar uma imagem aos alunos e fazer um brainstorming sobre o que vem à mente referente à figura. Após a "tempestade de ideias", com a construção da lista de palavras, fazer associações com outras ideias e depois pedir que façam um mapa mental.

Também podem associar letras a imagens. Por exemplo, apresentar aos alunos um cartaz com o som C e pedir que verbalizem palavras ou objetos que contêm o som C; o mesmo pode ser feito utilizando cores. Isto ampliará o repertório de vocabulário.

Escolher uma categoria e um aluno deverá falar uma palavra, o aluno seguinte repete a palavra do colega e acrescenta uma, e assim sucessivamente. Será um exercício mental importante para a memorização de novas palavras e conteúdo pedagógico. Essa atividade consta no livro *Treino de funções executivas e aprendizado* de Marques et al.[29].

Apresentar ilustrações aos alunos e pedir que as memorizem (1 minuto). Depois que a reproduzirem no papel, também poderão descrevê-las em palavras ou em um pequeno texto.

Envolver a melodia de uma música conhecida com o conteúdo ensinado, para facilitar a memorização, como, por exemplo, fórmulas e regras gramaticais.

O educador deve preparar a sala de aula de maneira que estimule o processo de aprendizagem, porém deve tomar cuidado para não colocar muita informação.

Para séries iniciais, expor letras do alfabeto associadas a uma imagem colabora com a memorização da sequência do alfabeto, significando cada letra.

Campo de palavras em um cartaz também ajudará a buscar apoio na construção do seu próprio repertório.

Fazer bingos de palavras, brincadeiras como forca e soletrar estimulará a pensar na formação das palavras e a organizar o pensamento, refletindo quais letras compõem a construção da palavra e associando-as com a imagem.

Para as séries seguintes, estimular o aluno a pensar sobre a escrita e leitura, compreender o texto de maneira coerente provocando a reflexão, organização das ideias e construção de frase e/ou texto e/ou narrativa e/ou tirinhas.

Ensinar os alunos a compreender o que está subentendido nos textos, charadas, piadas, charge, resolução de problemas (*slide* 27).

Os alunos precisam aprender como grifar os textos para que destaquem somente as palavras-chave sobre o tema e busquem o significado no dicionário para ampliar o conhecimento e o vocabulário.

Fazer atividades dinâmicas como: um aluno inicia a narrativa e os outros vão dando continuidade na história; no final, conferir se o texto está coerente e com concordância. Isto estimula a criatividade e desenvolve a habilidade de escrita e a organização do pensamento.

Utilização de massinha de modelar, argila, areia cinética pode estar relacionada ao conteúdo ensinado.

Trabalho com materiais de diferentes texturas e complexidade, como lixa, tecido, plástico-bolha, livro de pano que contém zíper, botão, cadarço e velcro, estimula a habilidade de coordenação motora fina e vias sensoriais.

Brincadeiras tradicionais trabalham a orientação no tempo, no espaço, equilíbrio e identificação corporal e coordenação motora grossa, como: pular corda, jogo com bola, pular amarelinha, corrida no saco, estátua, empilhar copos, correr, saltar, circuito com obstáculos, pega-pega, esconde-esconde, mãe da rua, corrida do ovo na colher, jogo de trilha, bicicleta, bambolê, empinar pipa, patinete, natação, rei mandou. Estimular a percepção corporal, como, por exemplo, dança, prática de artes marciais, entre outros.

O educador da sala, em conjunto com o educador físico, pode proporcionar esses momentos de brincadeira, nos quais a criança se organiza no tempo e espaço, permitindo depois transpor essa organização para o caderno, escrita na linha e até mesmo a organização na construção de um texto (*slides* 28 a 35).

Pode-se fazer a montagem de quebra-cabeças (*slides* 36 e 37), trabalhar técnicas de dobradura de papel (*slide* 38), tangram (*slide* 39) e trabalhar a coordenação motora fina no desenho com papel amplo apoiado em várias texturas, como: árvores, parede, azulejos, pisos, madeira, grama; com tintas utilizando pincel, os dedos, brocha, rolinho, com o próprio pé e outros materiais, como giz de cera jumbo, giz de espessura normal e fino, e carvão (*slide* 40).

Todas as sugestões comentadas são passíveis de serem executadas no ambiente escolar, estimulando as habilidades motoras grossas e finas, além das habilidades cognitivas e sensoriais.

REFERÊNCIAS BIBLIOGRÁFICAS

1. Bui X, Quirk C, Almazan S, Valenti M. Inclusive education research and practice. Maryland Coal Inclusive Educ 2010;1-14.
2. Alquraini T, Gut D. (2012). Critical components of successful inclusion of students with severe disabilities: Literature review. Int J Special Educ. 2012;27(1):42-59.
3. Deary IJ, Penke L, Johnson W. The neuroscience of human intelligence differences. Nature Reviews. 2010.
4. Santarnecchi E, Rossi S. Advances in the neuroscience of intelligence; from brain connectivity to brain perturbation. The Spanish Journal of Psychology. 2016;19(e94):1-7.
5. American Psychiatric Association. Manual diagnóstico e estatístico de transtorno mentais, 5.ed. (DSM-5). Porto Alegre: Artmed; 2014.
6. Horn JL, Cattell RB. Age differences in fluid and crystallized intelligence. Acta Psychologica. 1967;26:107-129.
7. Pantano T, Zorzi JL. Neurociência aplicada à aprendizagem. São José dos Campos: Pulso; 2009.
8. Loschiavo-Alvares FQ. Relações entre a adaptacão a perturbações previsíveis e imprevisíveis e as funções executivas. Dissertação de mestrado. Universidade Federal de Minas Gerais; 2010.
9. Luria AR. Fundamentos de neuropsicologia. Ricardo JA (trad.). Rio de Janeiro: livros técnicos e científicos; São Paulo: Ed. da Universidade de São Paulo; 1981.
10. Dalgalarrondo P. Psicopatologia e semiologia dos transtornos mentais. Porto Alegre: Artmed; 2008.
11. Camargo CHP, Bolognani AP, Zuccolo PF. O Exame neuropsicológico e o diferente contexto de aplicação. Exame das funções executivas. In: Malloy-Diniz LF. Avaliação neuropsicológica. Porto Alegre: Artmed; 2010.
12. Prando MLP, Pawlowski J, Fachel JMG, Misorelli MIL, Fonseca RP. Relation between auditory processing abilities and neuropsychological process in teenagers. Rev CEFAC 2010;12(4):646-661.
13. Kandel ER, Schwartz JH, Jessell TM. Principles of neural science, 4. ed. McGraw-Hill; 2000.
14. Squire LR. Memory and brain systems: 1969-2009. J Neuroscience. 2009.
15. Pantano T, Rocca CCA. Como se estuda? Como se aprende?: um guia para pais, professores e alunos, considerando os princípios das neurociências. São José dos Campos: Pulso; 2015.
16. Whitlock JR, Heynen AJ, Shuler MG, Bear MF. Learning induces long-term potentiation in the hippocampus. Science. 2006;25;313(5790):1093-7.
17. Rocca CCA, Ferrari A. Atenção: o que é e para que serve? Como estimular a atenção nos estudos. In: Pantono T, Rocca CCA (orgs.) Como se estuda? Como se aprende?: um guia

para pais, professores e alunos, considerando os princípios das neurociências. São José dos Campos: Pulso Editorial; 2015.
18. Filho CAB, Bridi FRS, Salgueiro MCA. Elementos neuropsicológicos do transtorno de déficit de atenção/hiperatividade (TDAH). In: Rotta NT, Filho CAB, Bridi FRS. Neurologia e aprendizagem: abordagem multidisciplinar; 2016.
19. Cosenza RM, Guerra LB. Neurociência e educação: como o cérebro aprende. Porto Alegre. Artmed; 2011.
20. Izquierdo I. Memória. 2.ed. rev. e ampl. Porto alegre: Artmed; 2011.
21. Helene AF, Xavier GF. A construção da atenção a partir da memória. Rev Bras Psiq. 2003;25(2):12-20.
22. Assed MM, Carvalho MKHV Estimulação da memória, 1.ed. Psicologia e Neurociência. Barueri: Manole; 2020.
23. Izquierdo I. Memórias. Estud Avan São Paulo. 1989;3(6).
24. Guzman GG, Goldberg TS, Swanson HL. A meta-analysis of self-monitoring on reading performance of K-12 students. Meta-Analysis Sch Psychol Q. 2018;33(1):160-168
25. Mann VA, Liberman IY. Phonological awareness and verbal short-term memory. J Learn Disabil. 1984;17(10):592-9.
26. Share DL, Jorm AF, Maclean R, Matthews R. Sources of individual differences in reading acquisition. J Educ Psychol. 1984;76(6):1309-1324.
27. Fuentes D, et al. Neuropsicologia: da teoria à prática. Porto Alegre: Artmed; 2008.
28. Lezak MD, Howieson D, Loring D. Neuropsychological assessment. 3. ed. New York: Oxford University; 1995.
29. Marques APP, Amaral AVM, Pantano T. Treino de funções executivas e aprendizado, 2.ed. Santana de Parnaíba: Manole, 2022.
30. Pantano T, Assencio V. Neuroanatomia e neurofisiologia. In: Pantano T, Rocca CCA. Como se estuda? Como se aprende?: um guia para pais, professores e alunos, considerando os princípios das neurociências. São José dos Campos: Pulso; 2015.
31. Bronson MB, Bronson M. Self-regulation in early childhood: Nature and nurture. New York: Guilford; 2000.
32. Brasil, Ministério da Educação. Base Nacional Comum Curricular (BNCC), versão aprovada pelo CNE, novembro de 2017. Disponível em: htt://basenacionalcomum.mec.gov.br/wp-content/uploads/2018/02/bncc-20dez-site.pdf.%20Acesso%20em%2017/03/18. Acesso em: 15 jun. 2020.
33. Bernard-Opitz V, Ing S, Kong TY. Comparison of behavioural and natural play interventions for young children with autism. Autism 2004;8(3):319-333.
34. Sampaio S, Braga IF. Transtorno de dificuldades de aprendizagem: entendendo melhor os alunos com necessidades educativas especiais. Rio de Janeiro: Walk; 2011.
35. Wagner TD, Rilling JK, Smith EE, Sokolik A, Casey KL, Davidson RJ, et al. Placebo-induced changes in FMRI in the anticipation and experience of pain. Science. 2004;303(5661):1162-7.
36. Fossati P, Ergis AM, Allilaire JF. Executive functioning in unipolar depression: a review. Author information L'encephale. 2002, 28(2):97-107.
37. Mayberg HS. Targeted electrode-based modulation of neural circuits for depression. J Clin Invest. 2009;119(4):717-25.
38. Szmulewicz A G, Lomastro MJ, Valerio MP, Igoa A, Martino DJ. Social cognition in first episode bipolar disorder patients. Psychiatry Res. 2019;272:551-554.

39. Ioannidi N, Konstantakopoulos G, Sakkas D, Oulis P. The relationship of Theory of Mind with symptoms and cognitive impairment in bipolar disorder: a prospective study. Psychiatriki. 2015;26(1):17-27.
40. Konstantakopoulos G, Ioannidi N, Typaldou M, Sakkas D, Oulis P. Clinical and cognitive factors affecting psychosocial functioning in remitted patients with bipolar disorder. Psychiatriki. 2016;27(3):182-191.
41. Seymour KE, Pescosolido MF, Reidy BL, Galvan T, Kerri LK, Young M, et al. Emotional face identification in youths with primary bipolar disorder or primary attention-deficit/hyperactivity disorder. J Am Acad Child Adolesc Psychiatry. 2013;52(5):537-546.e3.
42. Rosen HR, Rich BA. Neurocognitive correlates of emotional stimulus processing in pediatric bipolar disorder: a review. Postgraduate medicine. New York: Taylor & Francis; 2010.
43. Perlman SB, Fournier JC, Bebko G, Bertocci MA, Hinze AK, Bonar L, et al. Emotional face processing in pediatric bipolar disorder: evidence for functional impairments in the fusiform gyrus. J Am Acad Child Adolesc Psychiatry. 2013;52(12):1314-1325.e3.
44. Kryza-Lacombe M, Brotman MA, Reynolds RC, Towbin K, Pine DS, Leibenluft E, Wiggins JL. Neural mechanisms of face emotion processing in youths and adults with bipolar disorder. Bipolar Disord. 2019;21(4):309-320.
45. Elias LR, Miskowiak KW, Vale AM, Köhler CA, Kjærstad HL, Stubbs B, et al. Cognitive impairment in euthymic pediatric bipolar disorder: a systematic review and meta-analysis. J Am Acad Child Adolesc Psychiatry. 2017;56(4):286-296.
46. Thompson JM, Hamilton CJ, Gray JM, Quinn JG, Mackin P, Young AH, et al. Executive and visuospatial sketchpad resources in euthymic bipolar disorder: Implications for visuospatial working memory architecture. Memory. 2006;14(4):437-51.
47. Larson ER, Shear PK, Krikorian R, Welge J, Strakowski SM. Working memory and inhibitory control among manic and euthymic patients with bipolar disorder J Int Neuropsychol Soc. 2005;11(2):163-72.
48. Lera-Miguel S, Andrés-Perpiñá S, Calvo R, Fatjó-Vilas M, Fañanás L, Lázaro L. Early-onset bipolar disorder: how about visual-spatial skills and executive functions? Eur Arch Psychiatry Clin Neurosci. 2011;261(3):195-203.
49. Snowling M, Hulme C. The science of reading: a handbook. Oxford: Blackwell; 2005.
50. Ciasca SM. Distúrbios de aprendizagem - proposta de avaliação interdisciplinar. São Paulo: Casa do Psicólogo; 2003.
51. Zorzi J, Capellini S. Dislexia e outros problemas de aprendizagem. São José dos Campos: Pulso Editorial; 2008.
52. Mammarella IC, Hill F, Devine A, Szűcs D. Math anxiety and developmental dyscalculia: A study on working memory processes. Journal of Clinical and Experimental Neuropsychology. 2015;37(8):878-87.
53. Almeida RS, Crispim MSS, Braz ML. Avaliação neuropsicológica das funções executivas de indivíduos. Cadernos de Graduação – Ciências Humanas e Sociais UNIT Alagoas; 2017.
54. Berninger VW, May MOM. Evidence-based diagnosis and treatment for specific learning disabilities involving impairments in written and/or oral language. J Learn Disabil. 2011;44(2):167-83.
55. Craddock RC, Holtzheimer III PE, Hu SP, Mayberg HS. Disease state prediction from resting state functional connectivity. Magn Reson Med. 2009;62(6):1619-28
56. Haier RJ. Neuroscience of intelligence. Cambridge University Press; 2017. 251p.

57. Instituto Nacional de Estudos e Pesquisas Educacionais Anísio Teixeira (INEP). Sistema Nacional de Educação Básica – SAEB; 2005. Disponível em: http://www.inep.gov.br/. Acesso em: abr.2012.
58. Instituto Nacional de Estudos e Pesquisas Educacionais Anísio Teixeira (INEP). Prova Brasil, 2007. Disponível em: http://www.inep.gov.br/. Acesso em: abr.2012.
59. Kandel ER. Princípios de neurociências, 5.ed. Porto Alegre: AMGH; 2014.
60. Malloy-Diniz LF, Cardoso-Martins C. Planning abilities of children aged 4 years and 9 months to 8 1/2 years: effects of age, fluid intelligence and school type on performance in the Tower of London test. SciELO Brasil; 2008.
61. OECD, C.f.E.R.a.I. Preliminary synthesis of the second high level forum and learning sciences and brain research: Potential implications for education policies and practices. Brain Mechanisms and Youth Learning. OECD Report, Granada, Espanha. 2001c.
62. Sanchez AML, Carvalho IAM. Neuroaudiologia e Linguagem. In: Fuentes D, et al. Neuropsicologia: da teoria à prática. Porto Alegre: Artmed; 2008.
63. Serafim AP, Saffi F. Neuropsicologia forense. Porto Alegre: Artmed; 2015.
64. Serafim APS, Rocca CCA, Gonçalves PD. Intervenção neuropsicológica em saúde mental. Barueri: Manole; 2020.

ÍNDICE REMISSIVO

A

Adaptações 3
Agenda 42
Ajustes 3
Alcançar a meta 44
Alfabetização 16
Alimentação 18
Alterações motoras 9
Anatomia do cérebro 21
Ângulos de visão 11
Ansiedade 32
Aprendizagem 10
Aquisição da informação 49
Argumentação 25
Associar fatos e imagens 18
Atenção 10, 12, 48
  interconectada à aprendizagem 12
Atividade física 18
Atividades 47
  dinâmicas 50
Autismo 31
Autoconhecimento e autocuidado 25
Automonitoramento 17, 48
Auxiliar os alunos a planejar ações e objetivos 44
Avaliação de aprendizagem 41

C

Calendário mensal 44
Catalepsia 9
Categorização 19
Cérebro 20
Competências gerais 24
  que devem ser desenvolvidas ao longo da educação básica 25
Comunicação 25
Conhecimento 25
Construção do mapa mental 46
Contato visual 48
Controle autônomo do tempo 44
Controle inibitório 19
Conversão motora 9
Córtex pré-frontal 20
Cultura digital 25

D

Deficiências sensoriais 24
Desenvolvimento
  emocional 23
Dificuldade
  de compreensão de linguagem falada 9
  socioemocional 23

E

Educação inclusiva 3
Empatia e cooperação 25
Entonação 10
Estereotipias 9
Estratégias para modificação no ambiente escolar 41
Estupor 9
Etiquetas de várias cores 43
Exercícios mnemônicos 18

F

Flexibilidade
  cognitiva 19
  mental 20
Fluência 19
Fonemas 18
Fonoaudiólogo 39
Funções executivas 19, 48

G

Garatuja 17
Grade de aulas por dia da semana 43
Grafemas 18
Gramática 17

H

Habilidades
  fonéticas 17
  cognitivas 42
    e emocionais 14
  sensório-motoras interconectadas à aprendizagem 7
Hipomania 29

I

Inteligência 5
Interpretação incorreta da mensagem 9

J

Jogos
  com palavras-chave 49
  pedagógicos 47

L

Leitura 48
Lentificação psicomotora 9
Linguagem 11
  escrita 17
  oral interconectada à
    aprendizagem 16
Língua materna 17

M

Manejo comportamental 1
Mania 29
Mapa mental 49
Materiais de diferentes
  texturas e
  complexidade 51
Melodia de uma música 50
Memória 11, 48
  a longo prazo 15
  e aprendizado 14
  interconectada à aprendizagem 13
  operacional 15
Meta 19
Metacognição 23, 48
Motivação 44
Movimento voluntário e a
  ação consciente 7
Mudanças ambientais 1

N

Neuropsicólogo 39

O

Organização e autonomia
  dos alunos 42
Orientação no tempo, no
  espaço 51

P

Pactos pedagógicos 45
Patologias regulamentadas
  por lei 3
Pedagogo 39
Pensamento científico,
  crítico e criativo 25
Planejamento 19, 48
Plasticidade cerebral 13
Processamento
  auditivo 9
  cerebral 5
  visual 10
Processos cognitivos 1
Proposta inclusiva 3
Prosódia 10
Psicomotricidade 9
Psicopedagogo 39

Q

Quem avalia? 39

R

Reconhecimento
  da cor 11
  das características físicas
    dos objetos 11
Recursos pedagógicos 48
Repertório cultural 25
Responsabilidade e
  cidadania 25
Respostas inapropriadas ou
  inconscientes 9

Ritmo 10
Rotina diária 42

S

Silábica alfabética 18
Situação de conflito 20
Solução de problemas 19
Som 41

T

Tecnologias em excesso 22
Terapeuta ocupacional 39
Tiques 9
Tomada de decisões 19
Tonicidade 10
Trabalho e projeto de vida
  25
Transtorno(s)
  ansiosos 29, 32
  bipolar 29, 35
  da expressão escrita 30
  da leitura 30
  da matemática 30
  de aprendizagem 1, 30,
    36, 38
  de déficit de atenção e
    hiperatividade 28,
    31, 47
  depressivo 29, 34
  do espectro autista 27,
    28, 31
  neuropsiquiátricos 27

V

Vivências sobre o conteúdo
  49
Vocabulário 17
Volição 9, 19, 44

SLIDES

Intervenções em sala de aula: estratégias e manejo

Segunda-feira	Terça-feira	Quarta-feira	Quinta-feira	Sexta-feira
Português	Geografia	Matemática	Português	História
Matemática	Português	Inglês	Ciências	Educação Física
Ciências	História	Português	Desenho geométrico	Espanhol
Educação Física	Religião	Educação Física	Geografia	Português
Artes	Desenho geométrico	Informática	Espanhol	Matemática

Intervenções em sala de aula: estratégias e manejo

Intervenções em sala de aula: estratégias e manejo

Meta ou objetivo
- Melhorar a nota de matemática.

O que fazer?
- Manter o caderno sempre atualizado.
- Fazer os exercícios de classe e de casa.
- Conferir a correção dos exercícios.
- Tirar dúvidas com a professora.
- Estudar todos os dias de aula por pelo menos 30 minutos em casa.

O que consegui?
- Já consigo estudar mais tempo em casa, mas ainda preciso da ajuda dos meus pais.
- Meu caderno está completo.
- Quando tenho dúvida levanto a mão e pergunto para a professora.

Intervenções em sala de aula: estratégias e manejo

Matéria/ assunto	O que sei sobre	O que não sei sobre	Qual a dúvida?	Como melhorar	Atingi minha meta?

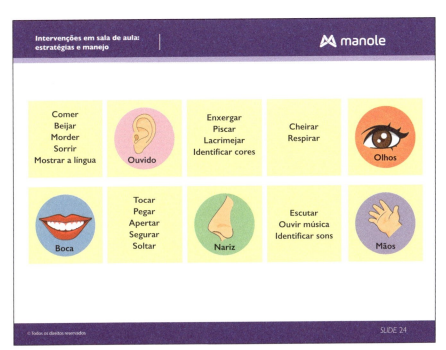

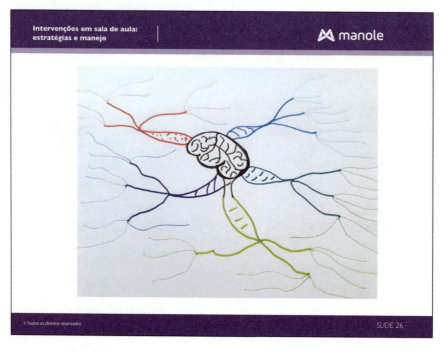

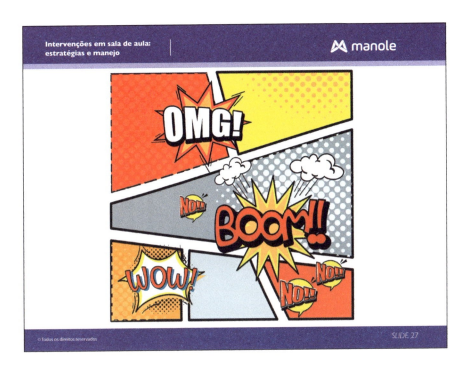

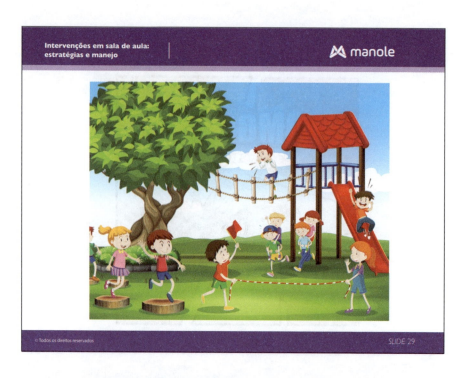

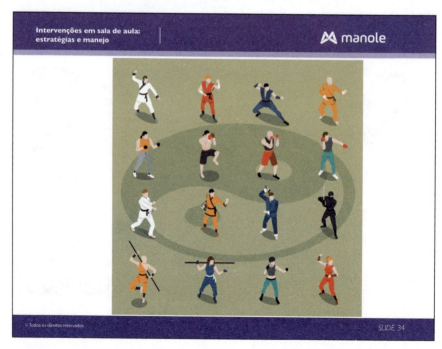

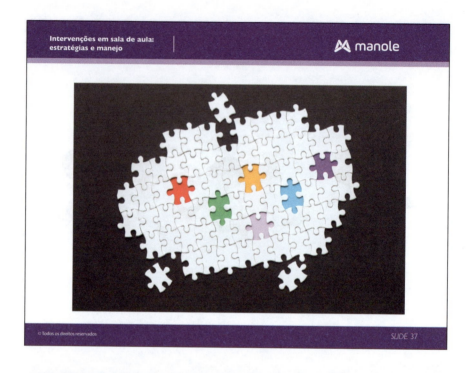

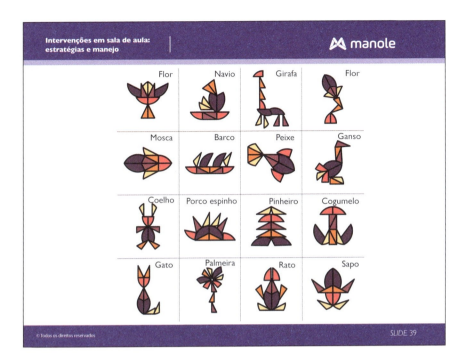

Série Psicologia e Neurociências

INTERVENÇÃO DE ADULTOS E IDOSOS

manole.com.br

manole.com.br

Série Psicologia e Neurociências

INTERVENÇÃO DE CRIANÇAS E ADOLESCENTES

manole.com.br